賛否両論

笠原将弘

# 鶏大事典

KADOKAWA

はじめに

　このたび、俺の膨大な数の鶏料理のレシピが一冊の事典としてまとまることとなった。これは長年の夢であり、念願だった。今も、感謝で鳥肌が立っている。

　焼き鳥屋の息子として生まれた俺の幼き頃の記憶——それは父がカウンターの中で背中を丸めながら鶏をさばき、切り、串に刺している姿。ねたケースの中に美しく並べられたレバー、ハツ、砂肝、皮、手羽先……。つくねを丸める指先。部位によって焼き加減を調整している真剣な横顔。タレ、塩味も巧みに使いわけていた。

　父は無口な人だったが、背中で俺に鶏料理の極意を教えてくれていた。忍者の家に生まれた子供が忍者として育てられるのと同じように、俺は気づかぬうちに父から鶏料理モンスターに育てられていたのだ！

　いっぱしの料理人になり、自分なりの鶏料理を多数考案してきたが、そのどれにも根底には父の鶏料理が息づいている。早くに他界した父だが、まさかここまでレシピで俺を支配していたとは！　恐るべき父である。

　「鶏大事典」——この本はレシピ本ではあるが、親子二代にわたり、鶏料理に取り憑かれた男たちの数奇なドラマだと思って読んでほしい。そして、すべての鶏料理好きの方々のバイブルとなれば幸いである。

　　　　　　　　　　　　　　　　2017 秋　鳥の詩を聴きながら
　　　　　　　　　　　　　　　　賛否両論　笠原将弘

目次

はじめに 2

## 第1章
## 鶏むね肉 8

**《揚げる》**
鶏むねの天ぷら 10
鶏むね 磯辺揚げ 12
鶏むね 梅じそ天ぷら 12
チーズ巻き天ぷら 14
黒こしょうバナナ天ぷら 15
ミニ春巻き揚げ 16
おかき揚げ 17
たれカツ 18
南蛮漬け 20
揚げ出し豆腐仕立て 21

**《炒める》**
鶏むねのしょうが焼き 22
ピーマン塩昆布炒め 24
もやし黒こしょう炒め 25
キャベツ ごまみそ炒め 26
きのこのバターしょうゆ炒め 27

**《焼く》**
鶏のみりん干し 28
焼きマリネ 29

**《Special》**
鴨ロース風 30
鶏ちらしずし 32
鶏しゃぶしゃぶ 33
水晶鶏 34

## 第2章
## 鶏もも肉 36

**《焼く》**
鶏ももの塩焼き 38
鶏照り焼き 黄身おろし 40
鶏柚庵焼き キウイおろし 41
鶏西京焼き ししとうおろし 42
鶏利休焼き 山芋おろし 43

**《揚げる》**
鶏ももの唐揚げ 44
鶏唐揚げ 塩味 46
鶏唐揚げ カレー味 46
鶏唐揚げ ピリ辛にんにく 47
鶏唐揚げ ゆかり昆布 48
鶏唐揚げ ポン酢がけ 48
鶏唐揚げ 白ワインりんご風味 49

**《煮る》**
鶏じゃが 50
鶏とあさりの潮煮 52
鶏と豆腐のあっさり煮 53
鶏となすのみそ煮 54
鶏すきやき風 55
鶏もも チャーシュー 56
鶏のきのこみぞれ煮 58
鶏の和風トマト煮 59

**《Special》**
ゆで鶏 60
ゆで鶏のつけだれ5種 62
　柚子みそだれ
　ごまだれ
　ねぎしょうがだれ
　梅はちみつだれ
　みぞれじょうゆ
ゆで鶏スープ雑炊 64
ゆで鶏にゅうめん 65
鶏のテリーヌ 66

《ご飯》
和風カレー丼　68
親子丼　関西風　70
親子丼　関東風　71
鶏肉の五目炊き込みご飯　72
鶏茶漬け　73
笠原流焼き鳥　74
　焼き鳥・塩　砂肝、ねぎま、手羽先　76
　焼き鳥・たれ　レバー、正肉、つくね　76
　ささみ焼き　77

## 第3章 手羽　78

### 俺の鶏手羽
解体新書　80

《焼く》
手羽塩山椒焼き　84
手羽先塩麹焼き　86
手羽先照り焼き　87
ねぎみそだれ焼き　88
焼き鳥屋風串焼き　89
タンドリーチキン風　90
ローストチキン風　91
レモンバター焼き　92
バーベキューソース焼き　94
カリカリパン粉焼き　95

《煮る》
手羽と白菜のスープ煮　96
手羽と里芋の柚子白みそ煮　98
手羽おでん　99
手羽とごぼうの利休煮　100
手羽とれんこんの南蛮煮　101
手羽じゃが　102
手羽とにんにくのとろとろ煮　104
手羽元のコーラ煮　105
手羽と長ねぎのオイスターソース煮　106
手羽キムチチゲ　108
手羽とパプリカのトマト煮　110
手羽ときのこのクリーム煮　111

《揚げる》
定番　しょうゆ唐揚げ　112
笠タッキーフライドチキン　114
カレー風味竜田揚げ　115
名古屋風手羽先揚げ　116
チューリップ　フライ　118
チューリップ　ベニエ　120
チューリップ　白黒ごま揚げ　121
油淋鶏風唐揚げ　122
揚げ手羽元のあんずジャムソースがけ　123
ピリ辛スパイスがらめ　124
のり塩がらめ　125
中華風素揚げ　126

《ゆでて、漬ける》
ゆで手羽　128
ゆで手羽　武蔵小山風　129
ゆで手羽　黒酢香り漬け　130
ゆで手羽　はちみつレモン漬け　131
ゆで手羽のみそ漬け　132
ゆで手羽の昆布〆　わさび添え　134
ゆで手羽　おろし野菜マリネ　135
ゆで手羽　コチュジャン酢みそ　136

《詰める》
手羽餃子　137
手羽 明太詰め焼き　138
手羽 梅しそ焼き　138
手羽 豆腐詰め煮込み　139
アボカド詰めフライ　140
チーズ詰め磯辺揚げ　140
うずらの卵詰めフライ　141

《Special》
蒸しぜいたくスープ　142
手羽先スモーク　144
手羽白湯スープ　145
水炊き　146
北京ダック風　148

《ご飯と麺》
手羽先炊き込みご飯　150
手羽天丼　152
手羽蒲焼き丼　153
サムゲタン風おかゆ　154
手羽南蛮そば　155
手羽煮込みうどん　156
手羽塩冷製ラーメン　157

## 第4章
# 鶏ひき肉　158

《こねて、まとめる》
つくね とり将風　160
つくね棒　162
ひき肉おやき　163
つくね10番勝負！　164
　れんこんつくね　164
　にらにんにくつくね　164
　みょうが大葉つくね　165
　きのこつくね　165
　ザーサイ中華つくね　166
　えび・とうもろこしつくね　166
　納豆磯辺つくね　166
　五平餅風つくね　167
　セロリ・長芋つくね　167
　甘栗レーズン　167
松風　168

《包む、挟む、詰める》
れんこん肉詰め　170
しいたけ肉詰め　170
なすの挟み揚げ　172
大葉の包み揚げ　172
ごぼうの肉詰め煮　174
ゴーヤーの肉詰め焼き　175
トマト肉詰め、チーズ焼き　176
パン挟み揚げ　177
和風ロールキャベツ　178

《炒める、煮る》

なすのそぼろ煮　180
里芋のそぼろあん　182
ふろふき大根、そぼろみそ　183
そぼろのひじき煮　184
そぼろ切り干し大根　184
そぼろきんぴら　185
かぶそぼろ炒め　186
そぼろたくあん炒め　187
そぼろ豆苗炒め　187
鶏ひき肉の白麻婆豆腐　188
そぼろ煮こごり　189
鶏そぼろ　しょうゆ味　190
鶏そぼろ　塩味　191
鶏そぼろ使い　192
　しょうゆそぼろ焼きうどん　192
　塩そぼろポテサラ　192
　しょうゆそぼろ奴　193
　塩そぼろのかき揚げ　193
ごぼう入り肉みそ　194
肉みそアボカド　195
肉みそ焼きおにぎり　195

《Special》

和風ドライカレー　196
和風メンチカツ　197
ハンバーグ　照り焼き仕立て　198
肉だんごの甘酢あん仕立て　199
肉そぼろとさつまいもの炊き込みご飯　200
肉三つ葉厚焼き卵　201
京風白みそミートソース　202
梅しそ冷たいミートソース　203

index　204

料理を始める前に

・大さじ 1 = 15ml、小さじ 1 = 5ml、1 カップ = 200ml、米 1 合 = 180ml です。
・塩は自然塩、砂糖は上白糖、みりんは本みりん、酒は日本酒を使用しています。
・火加減は特に表記がない限り、中火を表します。
・野菜は特に表記がない限り、皮をむき、種やワタを除いて使っています。
・水溶き片栗粉は特に表記がない限り、片栗粉を同量の水で溶いたものを使用しています。
・レシピ内で表している油は、特に表記がない限り、サラダ油を表します。
・オーブンは熱源の種類やメーカー、機種によって加熱時間が異なります。様子を見ながら加減してください。

# 第1章 鶏むね肉

むね肉はパサつく……。
そんなイメージを払拭する
鶏むね肉が主役のおかずいろいろ。
むね肉だけでこんなにも使い道が
あったことに驚くなかれ。
むね肉がふっくら、ジューシーに
仕上がるとっておきの料理法と
コツを教えよう。

### 笠原流 鶏むね肉がおいしくなる法則

1. そぎ切りくらい、薄く切ったほうがよい。
2. 水分が抜けすぎないよう、短時間でさっと調理する。
3. 片栗粉をまぶすなど、ころもをつけて、まわりをカリッとさせることで、中がふっくらジューシーに感じられる。

これほど安くてうまい素材を使わないのはもったいない！　だが、水分が出やすいむね肉は、火を通しすぎると当然パサつく。そこで薄めに切ることにより、短時間で火が通りやすくすることがまず大切。片栗粉をまぶしたり、春巻きの皮で巻いてみたりするなど、外側をカリッと仕上げる調理をすることで、中に包まれた肉がよりふわっとジューシーに感じられるようにするのも、むね肉をおいしくする技のひとつだ。

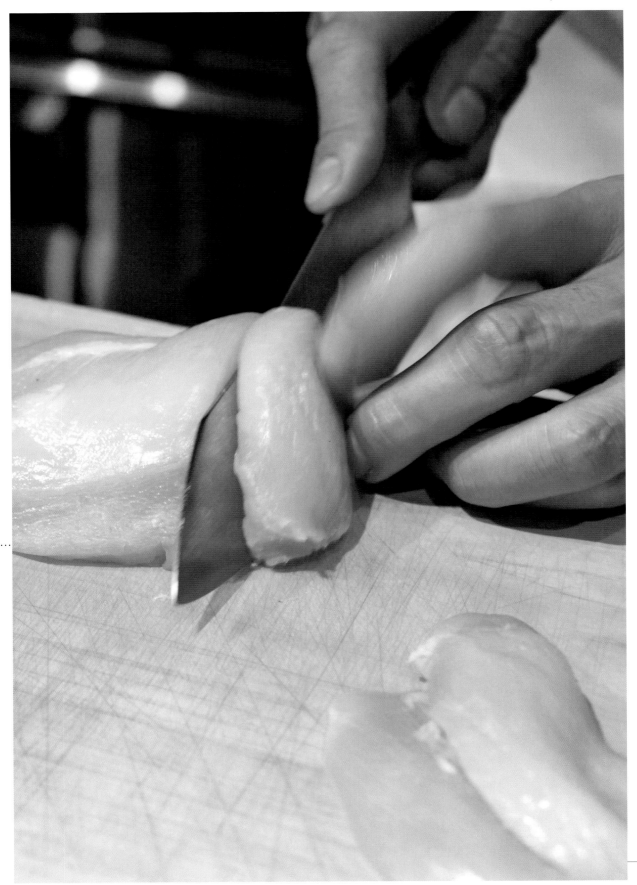

## 《揚げる》鶏むねの天ぷら

薄くそぎ切りにすること。
これが効率よくさっと火を通し、
想像以上にふっくらと仕上げるポイント。
天ぷらはその代表的料理。
からりと揚がったころもは、むね肉の
やわらかさを引き立てる役目を果たす。

材料（2～3人分）
鶏むね肉…1枚（約200g）
ししとうがらし…4本
薄力粉…適量
A
  溶き卵…1/2個分
  薄力粉…50g
  水…大さじ5
つけ汁
  だし汁…大さじ8
  しょうゆ…大さじ1 1/3
  みりん…大さじ1 1/3
揚げ油…適量
大根おろし…大さじ2
おろししょうが…小さじ1/2
塩…適量

**1**

鶏肉は片手で身を押さえながら皮をはぐ（はがした皮は丸めてラップに包み、冷凍しておき、ご飯を炊くときや大根を煮るときなどにいっしょに加え、味出しにするとよい）。身の部分は均等に早く火を入れるため、1cm厚さのそぎ切りにする。

**2**

1の全体に薄く薄力粉をまぶす。Aを混ぜ合わせる。まず溶き卵と水を合わせてから薄力粉を加え、ざっと混ぜる（少し粉けが残るくらいでよい）。つけ汁の材料は鍋に入れてひと煮立ちさせ、そのまま冷ます。

**3**

鶏肉を2のころもにくぐらせ、ボウルの縁で余分なころもを落として170℃の揚げ油で2～3分揚げる。

**4**

少ししたら鶏肉から出てきた水分を外に逃がすため、揚げ網を使って油から少し上に出して空気にふれさせる。ししとうはへたを落とし、1か所切り込みを入れてから鶏肉と同様にころもをつけてさっと揚げる。

**5**

器に4を盛り合わせ、大根おろしの上におろししょうがをのせたもの、2のつけ汁、塩、好みでくし形に切ったレモンを添える。

鶏むね
磯辺揚げ

鶏むね
梅じそ天ぷら

第1章　鶏むね肉　《揚げる》

## 鶏むね磯辺揚げ

材料（2〜3人分）
鶏むね肉…1枚（約200g）
A
　青のり…大さじ1
　薄力粉…50g
　水…大さじ4
　ごま油…小さじ1
揚げ油…適量
おろししょうが…1/2片分
しょうゆ…少々

作り方
1　鶏肉は皮をはぎ、1cm厚さのそぎ切りにする。
2　ボウルに1とAを入れ、手でよく混ぜ合わせる。
3　170℃の揚げ油で2〜3分、からりときつね色になるまで揚げる。
4　器に盛り、おろししょうがを添えて、しょうゆをたらす。

＊ ころもにごま油を加えることで、よりカリッと揚げ上がる。

## 鶏むね梅じそ天ぷら

材料（2〜3人分）
鶏むね肉…1枚（約200g）
青じそ…10枚
しいたけ…2枚
梅干し…2個
砂糖…小さじ1/2
しょうゆ…小さじ1/2
薄力粉…適量
A
　溶き卵…1/2個分
　薄力粉…50g
　水…大さじ5
揚げ油…適量

作り方
1　青じそは軸を落とし、しいたけは軸を落として半分に切る。梅干しは種を取って包丁でたたき、砂糖としょうゆを混ぜ合わせてペースト状にする。
2　鶏肉は皮をはいで1cm厚さのそぎ切りにし、表面に1の梅ペーストを適量ぬる。青じそにのせ、包むようにして鶏肉を巻いて薄力粉をまぶしつける。
3　Aを混ぜ合わせ、2をくぐらせる。170℃の揚げ油で2〜3分、からりときつね色になるまで揚げる。しいたけは薄力粉をまぶしつけ、Aにくぐらせて同様に揚げる。
4　器に盛り、好みで半分に切ったすだちを添える。

「鶏むね肉の天ぷらは淡白なうまみが持ち味。ころもに青のりや梅を効かせることで、軽さが引き立つ」

# チーズ巻き天ぷら

### 材料（2〜3人分）
- 鶏むね肉…1枚（約200g）
- プロセスチーズ…100g
- 薄力粉…適量
- A
  - 溶き卵…1/2個分
  - 薄力粉…50g
  - 水…大さじ5
- ミニトマト…4〜5個
- 揚げ油…適量
- 塩…少々
- はちみつ…適量

### 作り方
1. 鶏肉は皮をはぎ、5mm厚さのそぎ切りに、チーズは1cm角の拍子木切りにする。
2. 鶏肉の上にチーズをのせ、くるりと巻いて薄力粉をまぶす。
3. Aを混ぜ合わせ、2をくぐらせる。170℃の揚げ油で2〜3分、からりときつね色になるまで揚げる。ミニトマトは素揚げする。
4. 器に盛り、塩とはちみつを添える。

第1章 鶏むね肉 《揚げる》

「むね肉にチーズ巻いてコクをプラス。塩または、はちみつをつけて」

# 黒こしょうバナナ天ぷら

材料（2〜3人分）
鶏むね肉…1枚（約200g）
バナナ…1本
黒こしょう…少々
薄力粉…適量
A
　溶き卵…1個分
　薄力粉…100g
　水…3/4カップ
揚げ油…適量
塩…小さじ1
カレー粉…小さじ1
マヨネーズ…適量

作り方
1. 鶏肉は皮をはぎ、5mm厚さのそぎ切りに、バナナは皮をむいて斜め薄切りにする。
2. 鶏肉の上にバナナをのせ、黒こしょうをふる。くるりと巻いて薄力粉をまぶす。
3. Aを混ぜ合わせ、2をくぐらせる。170℃の揚げ油で2〜3分、からりときつね色になるまで揚げる。
4. 器に盛り、カレー粉と塩を合わせたものとマヨネーズ、好みで半月に切ったレモンを添える。

「バナナのねっとりがむね肉のあっさりと好相性。おつまみ感覚で」

# ミニ春巻き揚げ

第1章 鶏むね肉 《揚げる》

材料(2～3人分)
鶏むね肉…1枚(約200g)
塩、こしょう…各少々
薄力粉…少々
春巻きの皮…4枚
卵白…少々
揚げ油…適量
トマトケチャップ…適量

作り方
1 鶏肉は皮をはぎ、1cm角の棒状に切る。塩、こしょうをし、薄力粉をまぶす。
2 春巻きの皮を4等分し、1をくるりとスティック状に巻く。巻き終わりに軽く溶いた卵白をつけ、とめる。
3 170℃の揚げ油で2～3分、からりときつね色になるまで揚げる。
4 器に盛り、トマトケチャップを添える。

「春巻きの皮のパリッと感とむね肉のふんわりを同時に味わう」

# おかき揚げ

材料（2〜3人分）
鶏むね肉…1枚（約200g）
グリーンアスパラガス…4本
柿の種…150g
薄力粉…適量
卵白…1個分
揚げ油…適量
塩…適量

作り方
1 鶏肉は皮をはぎ、ひと口大に切る。アスパラガスは根元のかたい部分を落とし、半分の長さに切る。柿の種はミキサーで粉末状に砕く。
2 1の鶏肉に薄力粉、軽く溶いた卵白、柿の種を順につけ、170℃の揚げ油で2〜3分、からりときつね色になるまで揚げる。アスパラガスは素揚げする。
3 器に盛り、塩と好みで半月に切ったレモンを添える。
＊ ミキサーがなければ、柿の種をジッパー付き保存袋に入れ、上からめん棒でたたいて砕く。

「柿の種を砕いた香ばしいころもをまとわせた、スナック感覚の一品」

# たれカツ

材料（2〜3人分）
鶏むね肉…1枚（約200g）
A
　だし汁…1/4カップ
　みりん…1/4カップ
　しょうゆ…1/4カップ
薄力粉…適量
溶き卵…1個分
パン粉…適量
揚げ油…適量
レタス（せん切り）…1/4個
練りがらし…適量

作り方
1　鶏肉は皮をはぎ、1cm厚さに切る。
2　小鍋にAを入れ、ひと煮立ちさせる。
3　1の鶏肉に薄力粉、溶き卵、パン粉を順につけ、170℃の揚げ油で2〜3分、からりときつね色になるまで揚げる。
4　揚げたての3を2にくぐらせ、レタスとともに器に盛り合わせ、練りがらしを添える。

「揚げたてをたれにくぐらせた、しっとり、ふんわり新感覚のとりカツ。からしをちょっとつけてどうぞ」

## 南蛮漬け

材料（2〜3人分）
鶏むね肉…1枚（約200g）
薄力粉…適量
A
　だし汁…1 1/4カップ
　酢…1/2カップ
　砂糖…大さじ2
　しょうゆ…1/4カップ
B
　赤玉ねぎ（縦薄切り）…1/4個
　万能ねぎ（小口切り）…5本
　赤唐辛子（小口切り）…1本
　すだち（5mm厚さの輪切り）…1個
揚げ油…適量

作り方
1　密閉容器にAを合わせ入れ、Bをすべて加える。
2　鶏肉は皮をはぎ、1cm厚さに切って薄力粉をまぶす。170℃の揚げ油で、からりときつね色になるまで揚げる。
3　揚げたての2を1に漬け、冷蔵庫で2〜3時間味をなじませる。

第1章　鶏むね肉　《揚げる》

「豆鯵で作るよりもあっさりの鶏むねバージョン。いいだしも出る」

材料（2～3人分）
鶏むね肉…1/2枚（約100g）
絹ごし豆腐…200g
なす…1本
片栗粉…適量
A
　だし汁…1カップ
　みりん…大さじ1 1/3
　しょうゆ…大さじ1 1/3
揚げ油…適量
大根おろし…大さじ2
万能ねぎ（小口切り）…適量
削りがつお…軽くひとつまみ

作り方
1　鶏肉は皮をはぎ、1cm厚さに切る。豆腐は水けをふき取り、ひと口大に切る。なすはへたを落とし、縦半分に切ってから皮側に格子状の切り込みを入れ、半分の長さに切る。
2　鶏肉と豆腐に片栗粉をまんべんなくまぶして、170℃の揚げ油で2～3分、からりときつね色になるまで揚げる。なすは素揚げする。
3　小鍋にAを入れ、ひと煮立ちさせる。
4　器に2を盛り、3をかける。大根おろしをのせ、万能ねぎ、削りがつおを散らす。

＊　ときどき揚げ網で引き上げ、空気にふれさせることでころもがよりカリッと仕上がる。

## 揚げ出し豆腐仕立て

「 だしに浸けて、大根おろしと削りがつおも加えてあっさり、さっぱり 」

## 《炒める》鶏むねのしょうが焼き

まず、あまりいじらず強火で
カリッとした焼き目をつけること。
そうすることによってたれがからみやすくなる。
先にたれをもみ込むと、肉がかたくなるので、
最後に焼き目に煮からめる。
これが俺の身上だ。

第1章 鶏むね肉 《炒める》

材料（2〜3人分）
鶏むね肉…1枚（約200g）
薄力粉…適量
サラダ油…大さじ1
A
　酒…大さじ2
　みりん…大さじ2
　しょうゆ…大さじ2
　砂糖…小さじ1
　おろししょうが…小さじ1
キャベツ（せん切り）…1/6個
トマト（くし形切り）…1/4個

## 1

鶏肉は皮をはぐ。身の部分は均等に早く火を入れるため、1cm厚さのそぎ切りにする（P.11参照）。

## 2

1の全体に薄く薄力粉をまぶす。Aを混ぜ合わせる。

フライパンに油を熱し、2の鶏肉を強火で焼く。

片面にカリッと焼き目がついたら返し、もう片面も同様に焼く。

Aを加えて煮からめる。

器にキャベツ、トマトとともに盛り合わせる。

# ピーマン塩昆布炒め

材料(2〜3人分)
鶏むね肉…1枚(約200g)
A
- 酒…大さじ1
- しょうゆ…小さじ1
- 片栗粉…小さじ1

ピーマン…4個
B
- 酒…大さじ1
- 塩…ひとつまみ

サラダ油…大さじ1
塩昆布…15g

作り方
1. 鶏肉は5mm厚さのそぎ切りにしてから5mm幅の棒状に切ってAをもみ込む。ピーマンはへたと種を取り、細切りにする。Bは合わせておく。
2. フライパンに油を強火で熱し、鶏肉を炒める。おいしそうな焼き目がつき、ほぐれてきたらピーマンと塩昆布を加える。ピーマンがしんなりしたらBを加えて炒め合わせる。

「そぎ切りにしたむね肉を強火でさっと炒める。これがコツ」

# もやし黒こしょう炒め

材料（2〜3人分）
鶏むね肉…1枚（約200g）
A
　酒…大さじ1
　しょうゆ…小さじ1
　片栗粉…小さじ1
もやし…100g
B
　酒…大さじ1
　みりん…大さじ1
　しょうゆ…大さじ1
　粗びき黒こしょう…小さじ1/2
サラダ油…大さじ1

作り方
1　鶏肉は5mm厚さのそぎ切りにしてから5mm幅の棒状に切って、Aをもみ込む。Bは合わせておく。
2　フライパンに油を強火で熱し、1の鶏肉を炒める。おいしそうな焼き目がつき、ほぐれてきたらもやしを加える。ざっと炒め、Bを加えて手早く炒め合わせる。

終始、強火で手早く炒める。写真のように鶏肉がほぐれてきたらもやしを加える。

もやしを加えたらすぐに調味料を加え、ざっと炒める程度で火を止める。あとは余熱でOK。

「これも手早くさっと火を入れるのがおいしく仕上げるポイント」

## キャベツごまみそ炒め

材料（2〜3人分）
鶏むね肉…1枚（約200g）
A
　酒…大さじ1
　しょうゆ…小さじ1
　片栗粉…小さじ1
キャベツ…1/6個
B
　酒…大さじ2
　砂糖…小さじ1
　しょうゆ…小さじ1
　みそ…大さじ1
　白すりごま…大さじ1
サラダ油…大さじ1
一味唐辛子…少々
白すりごま…少々

作り方
1. 鶏肉は5mm厚さのそぎ切りにし、Aをもみ込む。キャベツは食べやすい大きさのざく切りにする。Bは合わせておく。
2. フライパンに油を強火で熱し、鶏肉を炒める。おいしそうな焼き目がつき、ほぐれてきたらキャベツを加え、少しシャキシャキ感が残るくらいまで炒める。仕上げにBを加えて炒め合わせる。
3. 器に盛り、一味唐辛子と白すりごまをふる。

「キャベツのシャキシャキと、仕上げの一味と白ごまが、アクセント」

# きのこのバターしょうゆ炒め

材料（2〜3人分）
鶏むね肉…1枚（約200g）
A
　酒…大さじ1
　しょうゆ…小さじ1
　片栗粉…小さじ1
しいたけ…2枚
しめじ…1袋
えのきたけ…1袋
B
　酒…大さじ1
　みりん…大さじ1
　しょうゆ…大さじ1
　バター…10g
サラダ油…大さじ1
にんにく（薄切り）…1片分
万能ねぎ（小口切り）…適量

作り方
1. 鶏肉は5mm厚さのそぎ切りにし、Aをもみ込む。しいたけは軸を落として薄切りに、しめじは石づきを、えのきたけは根元を落とし、食べやすい大きさにほぐす。Bは合わせておく。
2. フライパンに油を強火で熱し、鶏肉とにんにくを炒める。鶏肉においしそうな焼き目がつき、ほぐれてきたらきのこ類を加え、しんなりするまで炒める。仕上げにBを加えて炒め合わせる。
3. 器に盛り、万能ねぎを散らす。

「 隠し味のニンニクがバターじょうゆ味に、程よいパンチをプラス 」

## 《焼く》鶏のみりん干し

材料（作りやすい分量）
鶏むね肉…1枚（約200g）
A
　みりん…大さじ3
　酒…大さじ1
　しょうゆ…大さじ1
白いりごま…適量
大根おろし…適量

作り方
1. 鶏肉は縦半分に軽く切り込みを入れ、両脇を開いて観音開きにする。
2. 1をAに20分ほど漬け、ペーパータオルで汁けをふき取る。ごまを全体にまぶし、ざるや網にのせて涼しいところで2〜3時間干す。
3. 食べるときに網またはフライパンを火にかけ、両面をさっとあぶる。ひと口大に切って器に盛り、大根おろしと好みで半分に切ったすだちを添える。

漬けてから焼くも、
焼いてから漬けるも
どちらもさっとが基本。

# 焼きマリネ

## 材料（2〜3人分）
- 鶏むね肉…1枚（約200g）
- 塩…少々
- みょうが（みじん切り）…1個
- 青じそ（みじん切り）…5枚
- 長ねぎ（みじん切り）…1/3本
- A
  - おろししょうが…小さじ1
  - レモン汁…大さじ2
  - 薄口しょうゆ…大さじ1
  - はちみつ…大さじ1/2
  - サラダ油…1/4カップ
- 粗びき黒こしょう…少々

## 作り方
1. 鶏肉は1cm厚さのそぎ切りにし、塩をふる。みょうが、青じそ、ねぎはAと合わせる。
2. フライパンまたは焼き網を強火で熱し、1の鶏肉を両面においしそうな焼き目がつくくらいまでさっと焼く（油はひかない）。
3. 器に鶏肉を並べ、合わせておいたAをかけて冷蔵庫で2〜3時間おき、味をなじませる。食べるときにこしょうをふる。

「 焼き目にからませた薬味だれと鶏のうま味で、Wのおいしさ 」

## 《Special》鴨ロース風

スペシャルメニューのスタートは
むね肉がまるで鴨になる、
驚きの夢メニューから。

材料（作りやすい分量）
鶏むね肉…1枚（約200g）
塩…少々
玉ねぎ…1/4個
A
　酒…1/4カップ
　しょうゆ…1/4カップ
　砂糖…大さじ1 1/2
　水…1 1/4カップ
水溶き片栗粉…適量
レタス（せん切り）…葉2枚
粒マスタード…適量

作り方
1 鶏肉は両面に塩をふる。玉ねぎは縦薄切りにする。
2 フライパンを熱し、鶏肉を皮目から入れてしっかり焼く。おいしそうな焼き目がつき、カリッとしたら裏返し、身が白っぽくなるくらいにさっと焼く。
3 鍋にAと玉ねぎを入れ、火にかける。ひと煮立ちしたら2の鶏肉を加え、中火で2分ほど煮る。火を止め、ペーパータオルを1枚上からかぶせて、そのまま冷ます。
4 小鍋に3の煮汁を少々取り分け、ひと煮してから水溶き片栗粉でとろみをつける。
5 完全に3の煮汁が冷めたら鶏肉を取り出し、ひと口大に切り分ける。器に煮汁の玉ねぎ、レタスとともに盛り合わせ、4の煮汁をまわしかけて粒マスタードを添える。

# 鶏ちらしずし

## 材料（2〜3人分）
- 鶏むね肉…1枚（約200g）
- 塩…少々
- アボカド…1/2個
- A
  - みりん…大さじ1
  - しょうゆ…大さじ1
  - ごま油…大さじ1
- しょうが（せん切り）…1片
- みょうが（小口切り）…1個
- ご飯…茶碗2杯
- B
  - 米酢…大さじ2 1/2
  - 砂糖…大さじ1
  - 塩…小さじ1/2
- 白いりごま…適量

## 作り方
1. 鶏肉は2cm厚さに切って塩を加えた熱湯に入れる（火は止める）。5分ほどおき、水けをきって細かく裂く。アボカドは皮と種を取り、ひと口大に切る。ボウルに鶏肉とアボカドを入れ、Aを加えて和える。
2. しょうがは水にさらす。
3. 熱いご飯にBを加えてさっくり混ぜ、酢飯を作る。
4. 器に3を盛り、1としょうが、みょうがを彩りよく盛り合わせてごまをふる。

第1章　鶏むね肉　《Special》

「ふわふわのむね肉とアボカド、みょうがのヘルシーずし」

# 鶏しゃぶしゃぶ

材料（2〜3人分）
鶏むね肉…1枚（約200g）
長ねぎ（斜め薄切り）…1/2本
水菜（5cm長さ）…1/2わ
えのきたけ…1袋
A
　大根おろし…大さじ4
　万能ねぎ（小口切り）…大さじ2
　砂糖…ひとつまみ
　みりん…大さじ1
　しょうゆ…大さじ2
　酢…大さじ2
　一味唐辛子…少々
だし昆布…5cm角1枚

作り方
1　鶏肉は皮をはぎ、5mm厚さのそぎ切りにする。えのきたけは根元を落とす。器に鶏肉、ねぎ、水菜、えのきたけを並べる。Aは合わせておく。
2　鍋に昆布と水適量を入れ、火にかける。沸いてきたら1の具材を入れてしゃぶしゃぶし、煮えばなをAにつけて食べる。

「さっと湯にくぐらせたむね肉のうま味はクセになる。驚くなかれ」

水晶鶏

[第1章 鶏むね肉《Special》]

材料（2～3人分）
鶏むね肉…1枚（約200g）
きゅうり…1本
塩…少々
板ゼラチン…2枚（3g）

A
　だし汁…1/2カップ
　みりん…大さじ1
　砂糖…大さじ1
　薄口しょうゆ…大さじ1
　梅肉…大さじ1
　酢…大さじ2
片栗粉…適量
白いりごま…少々

作り方
1　きゅうりは薄い小口切りにして塩をまぶしてもみ、水けを絞る。板ゼラチンは水につけ、ふやかしておく。
2　小鍋にAを入れ、火にかける。ひと煮立ちしたら1の板ゼラチンの水けを軽く絞って加え、溶かす。冷蔵庫に入れ、冷やし固める。
3　鶏肉は皮をはぎ、2cm角に切って片栗粉をまぶす。沸騰した湯で白っぽくなるまでゆで（鍋底につかないよう、ときどき混ぜながら）、すぐに氷水にとる。
4　ペーパータオルで3の水けをふき、器に盛り付ける。スプーンで2を細かくくずして鶏肉にのせ、ごまをふって1のきゅうりを添える。

「片栗粉をまぶしてゆでた、ぷるんとしたむね肉を梅ゼラチンとともに」

## 第2章 鶏もも肉

十分な脂分と水分があるため、
ジューシーに仕上がるもも肉は、
揚げ物や焼き物にと、何かと便利な部位。
だが、意外と火が通りにくいため、
調理にはちょっとしたコツが必要だ。
ここではそのコツと、
レパートリーがさらに広がる
レシピを伝授しよう。

**笠原流 鶏もも肉がおいしくなる法則**

1 調理前、余分な脂と中に残っている筋や骨をていねいに取り除く。
2 水分が多く、火が通りにくいので、じっくり低温で火を通す。
3 肉を切るときは、すべてに皮がつくように切る。

鶏もも肉は親子丼や鶏の塩焼きなどといった人気メニューが手軽にできるという魅力的な素材でもあるが、水分が多いため、火が通りにくいという欠点も併せ持っている。まずは、身に残っている小骨や余分な脂身を取り除くなど、ていねいに下準備をすることが大切だ。あとは低温でじっくり火を通す。これが定番の調理法。ひと口大に切るときには、すべてに皮がつくように切ると、まんべんなく脂がまわり、ジューシーにおいしく仕上がる。

## 《焼く》鶏ももの塩焼き

カリカリの食感と香ばしい焼き目が
おいしい塩焼きは、思いきって動かさない
勇気をもち、皮目をしっかり焼き上げること。
うまさのコツはこれに尽きる。
あとは中弱火にして
身を焼き上げればでき上がりだ。

材料（2人分）
鶏もも肉…1枚（約200g）
塩…適量
サラダ油…大さじ1
**添え物の野菜**
  みょうが（せん切り）…1個
  貝割れ菜（根元を落とす）
    …1/3パック
  青じそ（せん切り）…5枚
  長ねぎ（せん切り）…1/3本
**つけだれ**
  しょうゆ…大さじ1
  みりん…大さじ1
  酢…大さじ2
  大根おろし…大さじ2
  一味唐辛子…少々

**1** 鶏肉は余分な脂と筋、骨が残っているところをていねいに取り除く。

**2** 1の両面に、まんべんなくしっかり塩をふる。**添え物の野菜**は、水にさらす。

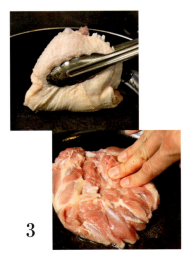

**3** フライパンに油を熱し、中火で鶏肉を皮目から焼く。最初のうちは、皮目をしっかりフライパンに押しつけ、動かさないように5分ほど焼く。ここで勇気をもっていじらずに放っておくことが、皮目をカリッと焼き上げるコツ。

**4** 皮目がカリッと焼けたら裏返す。皮目はもういいかなと思ったら軽く返してチェックしてみる。肉がキュッと縮まった瞬間も合図のひとつ。これを見逃さないようにする。中弱火にしてもう片面も焼く。

**5** ひと口大に切り分け、水けをきった**添え物の野菜**とともに器に盛り合わせる。**つけだれ**の材料を合わせて添える。

## 鶏照り焼き 黄身おろし

材料（2〜3人分）
鶏もも肉…1枚（約200g）
サラダ油…大さじ1
A
　酒…大さじ1
　しょうゆ…大さじ1
　みりん…大さじ2
粉山椒…少々
**黄身おろし**
　卵黄…1個分
　大根おろし…大さじ3
　塩…ひとつまみ

作り方
1. 鶏肉は余分な脂と筋、骨が残っているところをていねいに取り除く（P.39参照）。
2. フライパンに油を熱し、1を皮目から焼く。最初のうちは皮目をしっかりフライパンに押しつけ、5分ほど焼く。カリッとした焼き目がついたら返し、中弱火にして身のほうも焼く。
3. フライパンの中の余分な脂をペーパータオルでふき取り、Aを加える。弱火で煮詰め、とろーっとしてくるまで上下を返しながら煮からめる。
4. ひと口大に切り分け、器に盛って残ったたれをまわしかける。粉山椒をふり、**黄身おろし**を合わせて添える。

「カリッと香ばしい皮にまろやかな黄身おろしをたっぷりからめながら」

## 鶏柚庵焼き キウイおろし

材料(2～3人分)
鶏もも肉…1枚(約200g)
A
　酒…大さじ1
　みりん…大さじ1
　しょうゆ…大さじ1
　柚子果汁…1/4個分
サラダ油…大さじ1
キウイおろし
　キウイのすりおろし…1/2個分
　大根おろし…大さじ3
　レモン汁…小さじ1/2
　塩…ひとつまみ

作り方
1. 鶏肉は余分な脂と筋、骨が残っているところをていねいに取り除く(P.39参照)。
2. Aを混ぜ合わせ、1を20分ほど漬ける。
3. フライパンに油を熱し、汁をきった2を皮目から焼く。弱火で焦がさないようにじっくり焼き、カリッとした焼き目がついたら返す。ふたをし、身のほうも焼く。仕上げに残ったAを加え、煮からめる。
4. ひと口大に切り分け、器に盛る。キウイおろしを合わせて添える。

「柚子果汁を合わせたさっぱり系には、キウイのジューシーおろしを」

# 鶏西京焼き ししとうおろし

材料（2～3人分）
鶏もも肉…1枚（約200g）
A
： 信州みそ…大さじ2
： 酒…小さじ2
： 砂糖…小さじ2
サラダ油…大さじ1
ししとうおろし
： ししとうがらし（種を取って小口切り）…5本
： 大根おろし…大さじ3
： 塩…ひとつまみ

作り方
1 鶏肉は余分な脂と筋、骨が残っているところをていねいに取り除く（P.39参照）。
2 Aを混ぜ合わせ、1の全面にぬって密閉容器に入れる。またはラップなどをして冷蔵庫に半日おく。
3 フライパンに油を熱し、みそをよくふき取った2を皮目から焼く。弱火で焦がさないようにじっくり焼き、カリッとした焼き目がついたら返す。ふたをし、身のほうも焼く。
4 ひと口大に切り分け、器に盛る。ししとうおろしを合わせて添える。

「ほんのり甘い西京焼きには、さっぱりピリ辛のししとうおろし」

# 鶏利休焼き 山芋おろし

材料（2〜3人分）
鶏もも肉…1枚（約200g）
A
　酒…大さじ1
　みりん…大さじ1
　しょうゆ…大さじ1
　白ねりごま…大さじ1
サラダ油…大さじ1
山芋おろし
　長芋…50g
　大根おろし…大さじ3
　塩…ひとつまみ
白いりごま…少々

作り方
1　鶏肉は余分な脂と筋、骨が残っているところをていねいに取り除く（P.39参照）。
2　Aを混ぜ合わせ、1を20分ほど漬ける。
3　フライパンに油を熱し、汁けをきった2を皮目から焼く。弱火で焦がさないようにじっくり焼き、カリッとした焼き目がついたら返す。ふたをし、身のほうも焼く。仕上げに残ったAを加え、煮からめる。
4　ひと口大に切り分け、器に盛ってごまをふる。山芋おろしの長芋は皮をむき、包丁で粗めにたたき割る。大根おろしと塩を加えて合わせ、添える。

「 白ねりごまを加えたコクありには、山芋おろしで程よいバランスを 」

第2章 鶏もも肉 《揚げる》

《揚げる》
# 鶏ももの唐揚げ

一度、低温でじっくり揚げて水分の多い
鶏もも肉にしっかり火を通す。
仕上げは高温で揚げながら、
揚げ網ですくって空気にふれさせ、
水分を逃がしてカリッとさせる。
これが笠原流鶏ももの唐揚げの極意だ。

材料（2～3人分）
鶏もも肉…1枚（約200g）
しょうゆ…大さじ1 1/2
みりん…大さじ1 1/2
溶き卵…1個分
黒こしょう…少々
薄力粉…大さじ1
片栗粉…適量
揚げ油…適量

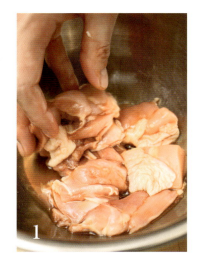

1

鶏肉はすべてに皮がつくようにひと口大のそぎ切りにする（縮むのであまり小さくなりすぎないようにする）。ボウルに鶏肉を入れ、しょうゆとみりんを加えてまんべんなく行き渡るようにやさしくもみ込む。

2

1に溶き卵、黒こしょう、薄力粉を加える。しょうゆとみりんをコーティングするようにして、さらにもみ込み、うまみをとじ込める。

3

揚げる直前に1個ずつまんべんなく片栗粉をまぶす。

4

160℃の揚げ油で3を3分ほど揚げ、いったん取り出す。鶏もも肉は水分が多く、火が通りにくいのと下味をつけていることで焦げやすくなっているため、まずは低めの温度でじっくり揚げて火を入れる。揚げ油を180℃にして鶏肉を戻し入れ、さらに1分ほど揚げる。ときどき揚げ網で引き上げ、空気にふれさせて水分を逃がしながらカリッと仕上げる。

5

器に盛り、好みでくし形に切ったレモンを添える。

## 鶏唐揚げ 塩味

材料（2〜3人分）
鶏もも肉…1枚（約200g）
A
　酒…大さじ2
　塩…小さじ1/2
　おろししょうが…小さじ1/2
薄力粉…大さじ1
片栗粉…適量
揚げ油…適量

作り方
1　鶏肉はひと口大に切る（P.45参照）。
2　ボウルに1とAを入れ、もむ。下味が全体に行き渡ったら薄力粉を加え、さらにもみ込む。揚げる直前に片栗粉をまぶす。
3　160℃の揚げ油で2を3分ほど揚げ、一度取り出す。
4　揚げ油を180℃にし、3を戻し入れて1分ほど揚げる。途中、揚げ網ですくって空気にふれさせて、カリッと仕上げる。
＊　好みで粉山椒と塩を同量ずつ合わせたものをつけて食べる。

## 鶏唐揚げ カレー味

材料（2〜3人分）
鶏もも肉…1枚（約200g）
A
　しょうゆ…大さじ1
　カレー粉…大さじ1
　牛乳…大さじ2
薄力粉…大さじ1
片栗粉…適量
揚げ油…適量

作り方
塩味と同様に作る。好みでらっきょうを添える。

# 鶏唐揚げ ピリ辛にんにく

材料（2〜3人分）
鶏もも肉…1枚（約200g）
A
　酒…大さじ2
　しょうゆ…大さじ1
　おろしにんにく…小さじ1
　一味唐辛子…小さじ1
B
　卵白…1個分
　片栗粉…大さじ1 1/2
　砂糖…小さじ1
片栗粉…適量
揚げ油…適量
さやいんげん…4本

作り方
1　鶏肉はひと口大に切る（P.45参照）。
2　ボウルに1とAを入れ、もみ込む。
3　別のボウルにBの卵白を入れ、ピンと角が立つまで泡立てる。残りのBを加え、さっくり混ぜる。
4　揚げる直前に鶏肉に片栗粉をまぶし、3にしっかりくぐらせる。
5　160℃の揚げ油で4を3分ほど揚げ、一度取り出す。
6　揚げ油を180℃にし、5を戻し入れて1分ほど揚げる。途中、揚げ網ですくって空気にふれさせて、カリッと仕上げる。いんげんはへたを取り、素揚げしてから半分に切る。

# 鶏唐揚げ ゆかり昆布

# 鶏唐揚げ ポン酢がけ

材料（2～3人分）
鶏もも肉…1枚（約200g）
A
　酒…大さじ2
　ゆかり…小さじ1
　昆布茶…小さじ1
薄力粉…大さじ1
片栗粉…適量
青じそ（せん切り）…10枚
揚げ油…適量

作り方
1　塩味（P.46参照）と同様に作る。
2　青じそを180℃の揚げ油でさっと素揚げし、上にのせる。好みで半分に切ったすだちを添える。

# 鶏唐揚げ 白ワインりんご風味

材料（2～3人分）
鶏もも肉…1枚（約200g）
A
　酒…大さじ2
　塩…小さじ1/2
片栗粉…適量
揚げ油…適量
B
　だし汁、酢、しょうゆ…各大さじ2
　みりん、白いりごま…各大さじ1
万能ねぎ（小口切り）…適量
黒こしょう…適量

作り方
1 鶏肉はひと口大に切る（P.45参照）。
2 ボウルに1とAを入れてもみ込む。揚げる直前に片栗粉をまぶす。Bは混ぜ合わせておく。
3 180℃の揚げ油で2を3～4分ほど揚げる。
4 揚げたての3をBにくぐらせる。
5 万能ねぎをのせて黒こしょうをふる。

材料（2～3人分）
鶏もも肉…1枚（約200g）
A
　白ワイン…大さじ2
　りんごのすりおろし…大さじ3
　塩…小さじ1/2
　黒こしょう…少々
B
　薄力粉…大さじ2
　片栗粉…大さじ2
　粉チーズ…大さじ1
揚げ油…適量
グリーンアスパラガス…2本

作り方
1 鶏肉はひと口大に切る（P.45参照）。
2 ボウルに1とAを入れ、もみ込む。
3 Bを合わせ、2にまんべんなくまぶす。
4 160℃の揚げ油で3を3分ほど揚げ、一度取り出す。
5 揚げ油を180℃にし、4を戻し入れて1分ほど揚げる。途中、揚げ網ですくって空気にふれさせて、カリッと仕上げる。アスパラガスは根元のかたい部分を落として素揚げし、食べやすい長さに切る。好みで粒マスタードを添える。

＊ 塩をつけてもおいしい。

## 《煮る》鶏じゃが

鶏肉と野菜に焼き目をつけてから煮て、
味をからめる。これが基本だ。

材料（2〜3人分）
鶏もも肉…1枚（約200g）
じゃがいも…2個
にんじん…1/2本
玉ねぎ…1/2個
サラダ油…大さじ1
A
  水…1 1/2カップ
  酒…1/2カップ
  砂糖…大さじ2
  しょうゆ…大さじ2 1/2
  だし昆布…5cm角1枚
絹さや…6枚

作り方
1 鶏肉はやや大きめのひと口大に切る。じゃがいも、にんじんは皮をむいて乱切りにし、玉ねぎはくし形に切る。
2 フライパンに油を熱し、鶏肉と1の野菜を炒める。野菜と肉においしそうな焼き目がついたら、Aを加える。
3 2が煮立ってきたら弱火にし、落としぶたをして15分ほど煮る。だし昆布を取り出し、筋を取った絹さやを加えて強火にし、5分煮る。
4 器に彩りよく盛りつける。

野菜と肉にそれぞれおいしそうな焼き目がつくまで焼くことで、見た目がおいしそうになるうえ、煮くずれしにくくなる。

煮汁を加えたら弱火でじっくり煮て、十分に味を含ませる。

# 鶏とあさりの潮煮

材料（2〜3人分）
鶏もも肉…1枚（約200g）
塩…少々
あさり…200g
長ねぎ（斜め薄切り）…1/2本
三つ葉…1/3わ
サラダ油…大さじ1
A
　酒…1/2カップ
　薄口しょうゆ…大さじ1
　水…2カップ
　だし昆布…5cm角1枚

作り方
1. 鶏肉はひと口大に切って塩をふる。あさりは砂抜きし、流水で洗う。三つ葉は3cm長さに切る。
2. フライパンに油を熱し、鶏肉を炒める。おいしそうな焼き目がついたらAとあさりを加えて煮る。
3. あさりの口がちょこちょこ開いてきたらねぎを加え、あさりの口がすべて開くまでさらに煮る。
4. 味をみて薄ければ、塩（分量外）で味をととのえ、三つ葉を散らして器に盛る。

「鶏とあさりのダブルだしで、うまみしっかり、たっぷり」

# 鶏と豆腐のあっさり煮

材料（2〜3人分）
- 鶏もも肉…1枚（約200g）
- 絹ごし豆腐…300g
- ごま油…大さじ1
- A
  - 酒…大さじ1
  - 薄口しょうゆ…大さじ1 1/2
  - 塩…ひとつまみ
  - 水…1 1/2カップ
  - だし昆布…5cm角1枚
- 水溶き片栗粉…大さじ2
- 万能ねぎ（小口切り）…適量
- 黒こしょう…適量

作り方
1. 鶏肉はひと口大に切る。豆腐はペーパータオルで水けをふき、軽く水きりする。
2. フライパンにごま油を熱し、鶏肉を炒める。おいしそうな焼き目がついたらAを加える。中火で5分ほど煮、だし昆布を取り出して水溶き片栗粉でとろみをつける。
3. 豆腐を手でくずしながら加え、温まったところで器に盛る。万能ねぎを散らしてこしょうをふる。

「くずし豆腐ととろみのついただしに、フワフワ鶏肉のトリオ」

# 鶏となすのみそ煮

材料（2〜3人分）
鶏もも肉…1枚（約200g）
なす…2本
玉ねぎ（薄切り）…1/2個
さやいんげん…8本
ごま油…大さじ1
A
┊酒…1/4カップ
┊砂糖…大さじ1
┊しょうゆ…大さじ1
┊みそ…大さじ1
┊水…1 1/2カップ
┊だし昆布…5cm角1枚
一味唐辛子…少々

作り方
1 鶏肉はひと口大に切る。なすはへたを落とし、縦8等分に切る。いんげんはへたと筋を取り、半分の長さに切る。
2 フライパンにごま油を熱し、1と玉ねぎを炒める。全体がしんなりしたらAを加え、煮詰める。
3 ほぼ汁けがなくなるまで煮、器に盛って一味唐辛子をふる。

「鶏肉も野菜類も、まず炒めて焼き目をつけてから煮る。これ、基本」

# 鶏すきやき風

材料（2人分）
鶏もも肉…1枚（約200g）
長ねぎ（斜め薄切り）…1/2本
白菜…2枚
春菊…1/3わ
しらたき…100g
A
　みりん…1カップ
　酒…1/2カップ
　しょうゆ…1/2カップ
　水…1/2カップ
温泉卵…2個

作り方
1. 鶏肉はそぎ切りにする。白菜は繊維に沿って5cm長さの細切り、春菊は葉だけ摘んでおく。しらたきは沸騰した湯でさっとゆで、食べやすい長さに切る。
2. 鍋にAを合わせ入れ、火にかける。煮立ったら、1の材料とねぎを適宜加え、煮えばなを取り、温泉卵をくずしながらともに食べる。

「濃厚なすき焼きも、鶏肉仕様ならあっさり、さっぱり」

# 鶏ももチャーシュー

鶏肉は広げて穴があいているところは肉をそいで埋め、均一にする。身のほうに塩、こしょうをし、手前からギュッと巻く。タコ糸で端をしばり、くるくると全体を巻いて整える。終わりの糸は適当に結ぶ。

**材料（2〜3人分）**
鶏もも肉…1枚（約200g）
塩、黒こしょう…各少々
A
　酒…1/4カップ
　砂糖…大さじ2
　しょうゆ…1/2カップ
　水…1 1/4カップ
　だし昆布…5cm角1枚
もやし…50g
玉ねぎ（薄切り）…1/2個
柚子こしょう…少々

**2** フライパンに油をひかずに1を入れ、転がしながら強火で全体に焼き目をつける。

**3** 鍋にAと玉ねぎを入れ、火にかける。ひと煮立ちしたら2を加え、弱火で15分ほど煮る。火を止め、ペーパータオルをかぶせてそのまま冷ます。

**4** もやしは塩少々（分量外）を加えた湯でさっとゆで、ざるに上げる。

**5** 鶏肉を食べやすい大きさに切って器に盛り、4のもやしと柚子こしょうを添える。

「もも肉を丸めて、焼いて、煮るだけでこの通り。鶏のいいだし出てます」

# 鶏のきのこみぞれ煮

材料（2〜3人分）
- 鶏もも肉…1枚（約200g）
- しいたけ…2枚
- しめじ…1パック
- えのきたけ…1袋
- 水菜…1/3わ

A
- みりん…大さじ2
- しょうゆ…大さじ2
- 水…2カップ
- だし昆布…5cm角1枚

- 水溶き片栗粉…大さじ2
- 大根おろし…大さじ4
- 柚子皮（せん切り）…少々

作り方
1. 鶏肉はひと口大に切る。しいたけとしめじはそれぞれ石づきを、えのきたけは根元を落とす。しめじはほぐし、しいたけとえのきたけは食べやすく切る。水菜は3cm長さに切る。
2. フライパンに鶏肉、きのこ類、Aを入れ、火にかける。鶏肉に火が通ってきのこがしんなりしたら水菜を加えてさっと煮る。
3. 水溶き片栗粉でとろみをつけ、大根おろしを加えてひと煮する。器に盛り、柚子皮を散らす。

「フライパンひとつでできる楽チンみぞれ煮。鶏ときのこのWだし！」

# 鶏の和風トマト煮

材料（2～3人分）
鶏もも肉…1枚（約200g）
玉ねぎ（薄切り）…1個
しいたけ…2枚
トマト…2個
サラダ油…大さじ2
塩、黒こしょう…各少々
A
　酒…大さじ3
　みりん…大さじ1
　しょうゆ…大さじ1
　だし昆布…5cm角1枚
青じそ（せん切り）…5枚

作り方
1　鶏肉は大きめのひと口大に切る。しいたけは石づきを落とし、薄切りにする。トマトはへたを取り、お尻に十字に軽く切り込みを入れる。熱湯でさっとゆでて湯むきし、ざく切りにする。
2　フライパンに油を熱し、鶏肉と玉ねぎを炒める。全体に油がまわったら塩を加え、玉ねぎが茶色く色づくまでじっくり炒める。
3　しいたけ、トマト、Aを加える。煮立ったら弱火にして20分ほどコトコト煮る。
4　器に盛り、こしょうをふって青じそをあしらう。

「 焼いてから煮て仕上げるトマト煮は、鶏のコクに野菜の甘みがポイント 」

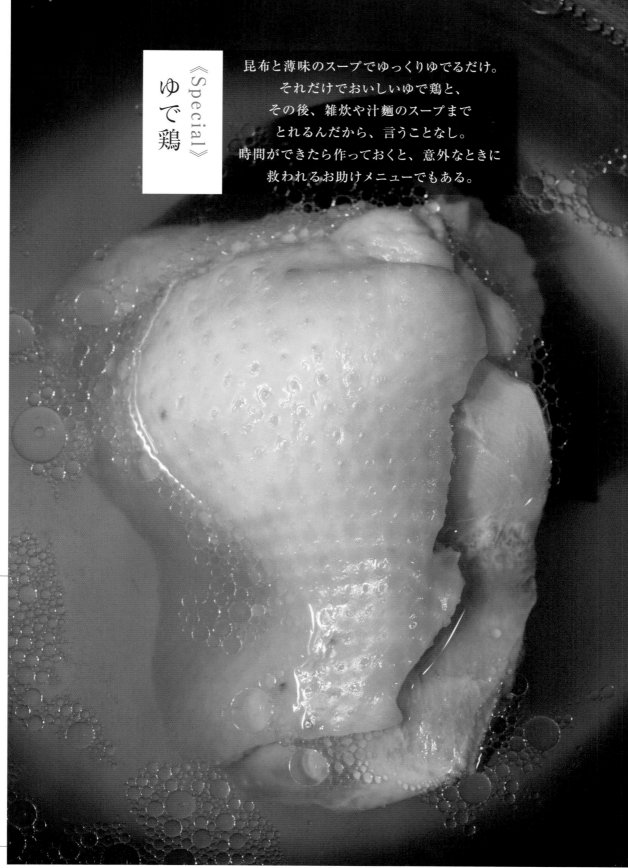

## 《Special》ゆで鶏

昆布と薄味のスープでゆっくりゆでるだけ。
それだけでおいしいゆで鶏と、
その後、雑炊や汁麺のスープまで
とれるんだから、言うことなし。
時間ができたら作っておくと、意外なときに
救われるお助けメニューでもある。

材料（2～3人分）
鶏もも肉…1枚（約200g）
A
　酒…1/2カップ
　薄口しょうゆ…大さじ2
　水…3カップ
　だし昆布…5cm角1枚

1 鶏肉は沸騰した湯にさっと入れて霜ふりにする。

2 表面が白くなったら水にとって洗い、余分な脂を取る。

3 ペーパータオルを敷いた上にのせ、さらにもう1枚かぶせてサンドし、水けを取る。

4 鍋に3の鶏肉とAを入れ、火にかける。

5 煮立ったらアクをひき、弱火にして約20分煮る。澄んだスープにするため、ふたはしない。途中、上下を返し、肉に均等に火が入るようにする。火を止め、そのまま冷ます。

＊スープごと密閉容器に入れ、冷蔵庫で3～4日保存可。冷凍する場合はスープと鶏肉を分けて保存する。1か月ほど保存可。

## ゆで鶏のつけだれ5種

### 柚子みそだれ

材料（作りやすい分量）
柚子果汁…大さじ2
白みそ…大さじ3
薄口しょうゆ…大さじ1/2
柚子こしょう…少々
サラダ油…大さじ1

作り方
すべてを混ぜ合わせる。

### ねぎしょうがだれ

材料（作りやすい分量）
長ねぎ（みじん切り）…1/2本
おろししょうが…1/2片分
塩、黒こしょう…各小さじ1/2
ごま油…大さじ2

作り方
すべてを混ぜ合わせる。

### ごまだれ

材料（作りやすい分量）
白ねりごま…大さじ3
砂糖…大さじ1
しょうゆ…大さじ1
酢…大さじ1
白いりごま…大さじ1/2
一味唐辛子…少々

作り方
すべてを混ぜ合わせる。

### 梅はちみつだれ

材料（作りやすい分量）
梅肉…大さじ2
卵黄…1個分
しょうゆ…大さじ1/2
はちみつ…大さじ1/2
サラダ油…大さじ1

作り方
すべてを混ぜ合わせる。

### みぞれじょうゆ

材料（作りやすい分量）
きゅうり…1本
青じそ（みじん切り）…5枚
昆布茶…小さじ1/2
酢…大さじ1
薄口しょうゆ…大さじ1 1/2
サラダ油…大さじ1

作り方
1 きゅうりはすりおろして軽く水けをきる。
2 すべてを混ぜ合わせる。

「ゆで鶏に合わせるつけだれは、柚子みそ、ごま、ねぎしょうが、梅はちみつなど、酒もすすむスペシャルな5種」

柚子みそだれ

ごまだれ

ねぎしょうがだれ

みぞれじょうゆ

梅はちみつだれ

# ゆで鶏スープ雑炊

材料（2人分）
ゆで鶏（P.60参照）…1/3枚分
しいたけ…1枚
長ねぎ（小口切り）…1/3本
ゆで鶏スープ（P.60参照）…2カップ
卵…1個
ご飯…茶碗1杯
塩…少々
三つ葉（小口切り）…2本

作り方
1 ゆで鶏は手で裂いて細かくほぐす。しいたけは石づきを落とし、薄切りにする。
2 鍋にゆで鶏スープと1とねぎを入れ、火にかける。煮立ったら卵を溶いて加える。すぐにご飯を加えてさっと煮、塩で味をととのえる。
3 器に盛り、三つ葉をあしらう。

「ゆで鶏を作っておけば、卵と長ねぎを加えるだけで深夜の雑炊もすぐでき！」

# ゆで鶏にゅうめん

材料（2人分）
ゆで鶏（P.60参照）…1/3枚分
そうめん…2わ
A
  ゆで鶏スープ（P.60参照）…1 1/2カップ
  水…1カップ
  みりん…小さじ1
  薄口しょうゆ…小さじ1
万能ねぎ（小口切り）…適量
黒こしょう…少々
ごま油…小さじ1

作り方
1 ゆで鶏は手で裂いて細かくほぐす。鍋に湯を沸かし、そうめんを好みの加減でゆでる。ざるに上げ、水洗いしてしめる。
2 別の鍋にAを入れ、ひと煮する。1のそうめんとほぐしたゆで鶏を入れて温める。
3 2を器に盛り、万能ねぎを散らす。こしょうをふり、ごま油をたらす。

「 ゆで鶏スープにゆでたそうめんとゆで鶏を加えれば、にゅうめんもあっという間 」

鶏のテリーヌ

材料(作りやすい分量)
鶏もも肉(大)…1枚(約300g)
鶏レバー…50g
サラダ油…大さじ2
玉ねぎ(薄切り)…1/2個
A
┊ 酒…大さじ1
┊ しょうゆ…大さじ1
にんにく(薄切り)…1片分
塩、黒こしょう…各少々
みりん…大さじ2
生クリーム…1/4カップ
バター(食塩不使用)…30g

作り方
1 もも肉はひと口大に切る。レバーは余分な脂や血をていねいに取り、ひと口大に切る。
2 フライパンに油大さじ1を熱し、玉ねぎを炒める。しんなりしたらレバーを加えて炒める。レバーに火が通ったらAを加えてざっと合わせ、火を止めてそのまま冷ます。
3 別のフライパンに残りの油を熱し、もも肉とにんにくを炒める。もも肉が白っぽくなってきたら塩、こしょうをふってみりんをまわしかける。生クリームを加えて混ぜ、弱火でとろみがつくまで煮詰める。
4 フードプロセッサーに2と3を入れ、撹拌する。途中、バターを3回くらいに分けて加える。
5 型にラップを敷き、4を平らに入れる。ラップで覆い、冷蔵庫で半日ほど冷やし固める。
6 食べやすい大きさに切って器に盛り、好みで黒こしょうをふって生野菜や果物などを添える。

レバーはつなぎ目のところの血のかたまりを取る。大きく半分に切って中にある血のかたまりも取り除く。ハツの部分は切り離し、まわりの薄皮と脂を取り、さらに半分に切って血のかたまりを取り除く。

フライパンのまわりについた鶏肉のうまみをこそげ取るようにして生クリームを合わせ、煮詰める。

「ももとレバーの合わせ使いに、酒、しょうゆを加えた和風。日本酒にも、ワインにも合う」

## 《ご飯》和風カレー丼

鶏もも肉でカレー丼、親子丼、炊き込みご飯など人気メニューをチャチャッと！

材料（2人分）
鶏もも肉…1枚（約200g）
長ねぎ（斜め薄切り）…1/2本
しいたけ…2枚
絹さや…8枚
バター…20g
A
　だし汁…2 1/2カップ
　砂糖…小さじ1
　みりん…大さじ2
　しょうゆ…大さじ2 1/2
　カレー粉…大さじ1
水溶き片栗粉…適量
ご飯…丼軽く2杯

作り方
1　鶏肉はひと口大に切る。しいたけは石づきを落として薄切りにする。絹さやは筋とへたを取って、塩少々（分量外）を加えた湯でさっとゆでて刻んでおく。
2　フライパンにバターを熱し、鶏肉を炒める。焼き目がついたらねぎとしいたけを加え、しんなりするまで炒め合わせる。
3　2にAを加え、ひと煮立ちさせる。水溶き片栗粉を加え、しっかりめにとろみをつける。
4　丼にご飯をそれぞれ盛り、3をかけて1の絹さやをのせる。

＊ 麺にかけても合います。

# 親子丼 関西風

**材料（2人分）**
- 鶏もも肉（小）…1枚（約150g）
- 九条ねぎ（斜め薄切り）…1本
- しいたけ（薄切り）…2枚
- 卵…2個
- A
  - だし汁…1/2カップ
  - みりん…小さじ2
  - 薄口しょうゆ…小さじ2
- ご飯…茶碗2杯
- 粉山椒…少々

**作り方**
1. 鶏肉はひと口大のそぎ切りにする。
2. 小さめのフライパンにAを合わせ入れ、鶏肉、九条ねぎ、しいたけを加えて中火にかける。鶏肉を返しながら火を入れる。煮詰まらないように注意する。
3. 卵を軽く溶きほぐし（溶きほぐしすぎると卵白が固まってきたところでだしを抱き込むので卵がふんわり仕上がらない。ゆるめにしておくと卵を流し入れたとき、先に卵白が落ちて次に卵黄が落ちるので、表面がきれいな黄色に仕上がるという利点もある）、2に加える。半熟程度に火を入れ、丼によそったご飯に、半量ずつのせる。
4. 仕上げに粉山椒をふる。

「だし汁にみりんと薄口しょうゆ。薬味には九条ねぎを、仕上げは粉山椒をふって」

## 親子丼 関東風

材料（2人分）
鶏もも肉（小）…1枚（約150g）
長ねぎ（斜め薄切り）…1/2本
A
　だし汁…大さじ2 2/3
　みりん…大さじ2 2/3
　しょうゆ…大さじ1 1/3
卵…2個
三つ葉（1cm長さのざく切り）…1/4わ
ご飯…茶碗2杯
もみのり…適量

作り方
1 鶏肉はひと口大のそぎ切りにする。
2 小さめのフライパンにAを合わせ入れ、鶏肉とねぎを加えて中火にかける。鶏肉を返しながら火を入れる。煮詰まらないように注意する。
3 卵を軽く溶きほぐし、2に流し入れる。
4 半熟程度に火を入れ、三つ葉を散らして火を止める。丼によそったご飯に、半量ずつのせる。
5 仕上げにのりをのせる。

「だし汁にしょうゆとみりん。薬味には三つ葉と長ねぎ、仕上げにもみのりをのせて」

# 鶏肉の五目炊き込みご飯

材料（2〜3人分）
米…2合
鶏もも肉…1/2枚（約100g）
こんにゃく…20g
A
　酒…大さじ2
　薄口しょうゆ…大さじ2
　水…1 1/2カップ
　だし昆布…5cm角1枚
B
　ごぼう（みじん切り）…30g
　にんじん（みじん切り）…20g
　しいたけ（みじん切り）…2枚
白いりごま…少々

作り方
1　米はといで30分ほど浸水させてからざるに上げる。鶏肉はひと口大に切る。こんにゃくは熱湯でさっとゆで、みじん切りにする。Aは合わせておく。
2　フライパンを熱し、鶏肉を炒める。焼き目がついたら火を止める。
3　炊飯器に1の米とこんにゃく、A、2、Bを入れ、炊く。茶碗に盛り、ごまをふる。

「さっと焼いた鶏肉と野菜類、調味料を炊飯器に入れてスイッチオン、の気軽な炊き込み」

# 鶏茶漬け

材料(2人分)
鶏もも肉…1/2枚(約100g)
A
　酒…大さじ3
　砂糖…大さじ1/2
　しょうゆ…大さじ1
山椒の水煮(なければ
　山椒の佃煮)…小さじ1
ご飯…茶碗2杯
練りわさび…少々
三つ葉(刻む)…適量
もみのり…適量
白いりごま…適量
塩…適量
緑茶…適量

作り方
1　鶏肉はそぎ切りにする。
2　鍋に鶏肉とA、山椒の水煮を入れ、汁けがなくなるまで弱火で炒り煮する。
3　茶碗にご飯をそれぞれ盛り、2をのせてわさびを添える。三つ葉とのりものせ、ごまを散らす。塩を加えた緑茶をまわしかける。

「山椒としょうゆ、酒、砂糖でこっくりと煮た鶏肉に緑茶をかけた大人の茶漬け」

# 笠原流 焼き鳥

この焼き鳥こそが、
親父から譲り受けた一番の味と技。
家庭でもできる焼き鳥の下準備と
焼き方のコツはこれだ。

◎まずは下準備

焼き鳥にする手羽先、もも、レバーなどの各部位の下準備をていねいにしておくことがおいしい焼き鳥への第一歩である。ここではそれぞれの部位を串に打つところまでを紹介する。ちなみに笠原流焼き鳥の串の長さは13.5cm。親父の代からこの長さがちょうどいいということになっている。

**手羽先**

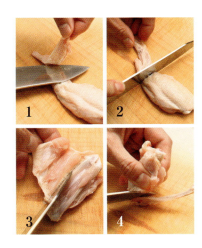

作り方
1 肉がないほうの骨の上の皮を薄くそぐ。
2 関節のところで包丁を入れ、切り離す。
3 骨の上に沿って包丁を入れ、身を開く。
4 2本ある骨の下の肉をそぐようにしてはずす。手前から小さいほうの肉を打つ（肉の表面から串が出ないように打つ）。先はほんの少し出るくらいが目安（P.81参照）。

**ねぎま**

作り方
1 もも肉の端に付いたこぶのような筋肉質の部分（ソリと呼ばれるところ）を切り落とす。
2 すべてに皮がつくようにしてひと口大に切る。3cm長さのぶつ切りにしたねぎとも肉を交互に刺し、最後に皮だけを軽く丸めたものを打つ。

＊ソリももも肉と同様に打ってもよい。

**レバー**

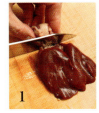

作り方
1 ハツの部分を切り落とし、皮をはずす。
2 大、小とかたまりになっている部分を切りわけ、血のかたまりを除く。ハツ、小レバー、大レバー、大レバーの順に打ち、最後はハツでとめる。

**つくね**

作り方
1 P.198のハンバーグの生地と同様にたねを練る。軽くとって手のひらで絞るようにして親指と人差し指の間から出てきたたねの根元をスプーンですくい、湯に静かに落とす。串に打つので小ぶりに丸めるほうがよい。
2 煮立たないくらいの火加減で静かにゆでる。浮いてきたら少しおいてから引き上げる。粗熱が取れたら焼く面積が広くなるようにして3個ずつ串に打つ。

◎次に焼き方

串打ちが終わったら、あとはたれか塩をして焼くだけ。

**焼き鳥・塩**
**砂肝、ねぎま、手羽先**

焼き方
1 コンロに焼き網をのせ、下準備したものをのせて両面に塩、黒こしょうを各適量ふる。
2 火加減とそれぞれの焼き目の様子を見ながら場所を変えつつ、こんがりおいしそうな焼き目がつくまで焼く。

**焼き鳥・たれ**
**レバー、正肉、つくね**

焼き方
1 たれの準備をする。鍋にしょうゆとみりん各180mlと砂糖50gを合わせ入れ、ひと煮立ちさせる。
2 コンロに焼き網をのせ、下準備したものをのせて焼く。焼き目がついてきたら数回たれにくぐらせては網にのせ、焼く。いい照りがついたら仕上げにもう一度くぐらせ、器に盛る。

## ささみ焼き

材料（2〜3人分）

梅じそ…梅肉大さじ1、青じそ（せん切り）2枚、砂糖、しょうゆ各少々をすべて混ぜ合わせる。

明太おろし…からし明太子50g、大根おろし大さじ1、しょうゆ、ごま油各小さじ1/2をすべて混ぜ合わせる。

からしマヨネーズ…練りがらし小さじ1、マヨネーズ大さじ2を混ぜ合わせる。

＊わさびと柚子こしょうは好みの量をそれぞれにぬる。

下準備と焼き方

1 ささみは筋の両脇に包丁で切り込みを少しずつ入れる。
2 筋が出てきたらひっくり返し、包丁のみねで筋と身を押さえながら筋を引っ張り出す。
3 ひと口大に切り、切り口が脇にくるようにして串に打つ。
4 コンロに焼き網をのせ、3をのせて軽く両面に塩をふってレアに焼き上げる。
5 用意しておいたわさび、柚子こしょう、梅じそ、明太おろし、からしマヨネーズを好みの量ぬって仕上げる。好みで半分に切ったすだちを添える。

# 第3章 手羽

焼いてパリッと香ばしく、煮込んでトロトロに、
ふんわりジューシーに揚げるなどが、
手間いらずに簡単に仕上がるのが
全面皮で覆われた手羽の持ち味。
しかも、だしがよく出るので、
うま味がたっぷり、極上の味わいになるのだ。
幼い頃から俺が馴染み、親しんできたもの、
日々精進して生まれ出たもの、
余すところなく紹介していこう。

**笠原流 手羽がおいしくなる法則**

### 1 焼く

パリッと香ばしく焼き上がった皮、これこそが手羽の醍醐味。まずは香ばしく焼き目をつけてから下味のたれを焼きからめる。焼き目からでたコクとたれが合わさり、なんともいい味わいとなる。

### 2 煮る

水と昆布で煮るだけ。だしいらずなのが鶏料理のいいところ。手羽に焼き目をつけてから煮込むのが俺流。焼き目から煮汁へとコクがしみ渡り、よりうまみが増すのだ。

### 3 揚げる

全面が皮で覆われている手羽は水分が逃げにくいので、一度揚げするだけで十分、ジューシーでふんわりした揚げ上がりとなる。一方で、皮によって下味が入りにくいのでフォークで全体に穴をあけてから、下味をもみ込んでおく。ポイントはこれだけ。

### 4 ゆでて、漬ける

水、酒、塩、昆布でゆで、うまみをしっかり閉じ込めてから漬けだれに漬けてさらなるうまみをしみ込ませる。題して「ゆで、漬け大作戦」。これは酒のつまみにするのにも最高。

### 5 詰める

手羽先の骨をはずし、空洞にした中にひき肉を詰めた手羽餃子。一見、手が込んでいるように見えるメニューだが、袋状にするコツさえ覚えてしまえば、意外と簡単。明太子やうずらの卵を詰めて、焼いたり、揚げたり、煮たりしてもいい。

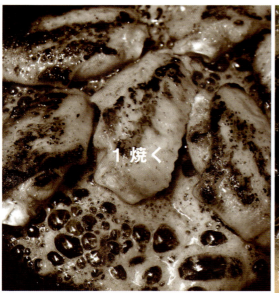
1 焼く

2 煮る

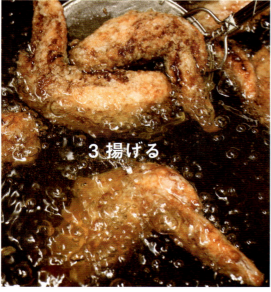
3 揚げる

4 ゆでて、漬ける

5 詰める

## 俺の鶏手羽 解体新書

焼く、煮る、揚げる、ゆでるなど、あらゆる調理法に合い、安くてうまい手羽。これを日々の料理に活用しない手はないだろう。うまい調理法は後ほどお伝えするとして、まずは手羽の扱い方—俺流の下準備を伝授しよう。題して「俺の鶏手羽 解体新書」。これさえ覚えてしまえば、あとは簡単だ。

◎手羽の種類

手羽先　手羽中　手羽元

◎水で洗う

手羽は全体が皮で覆われている分、毛や汚れなどが残っていることが多い。そこで、調理にとりかかる前にしなくてはならないのが、表面を洗うことだ。ボウルに水をはり、手羽をつけて指で表面をやさしくこすり洗いする。洗った手羽はペーパータオルで水けをふき取る。これでよし。

◎手羽先の先を切り落とす

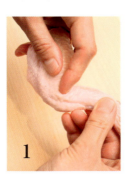

**1** 手羽先の先の部分を持ち、上下に動かして関節を確認する。

**2** 関節の部分に一気にグッと包丁を入れ、切り落とす。

◎鶏手羽を開いて、串を打つ

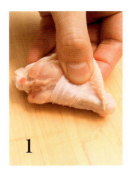
1
皮の多いほうを手前にして手羽を置き、皮を持ち上げる。

2
骨の上に沿うようにして切り目を入れる。

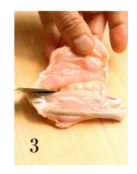
3
中側にある骨のところまで切り開いて、

4
4の状態にする。

5
2本の骨の先を包丁で切り離す。

6
骨を下にし、骨に沿って肉をそいでいく。

7
骨をひとつはずす。

8
開いた手羽に串を打つ。串が肉の中にすべておさまるよう、縫うようにして打つのがコツ。肉の外に串が出ていると、網で焼いた場合、そこだけこげて串が折れてしまうので注意する。

◎詰めもの用に袋状にする

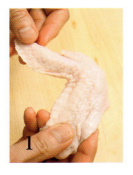
1
手羽先の関節部分を逆に折り曲げ、

2
関節をボキッと折る。

3
太いほうの先の部分の骨のまわりの肉を包丁である程度そぎ、

4
骨の頭部分を出す。

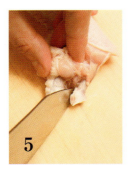
5
2本の骨の先を切り離す。

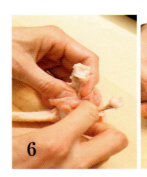
6
骨のまわりの肉を指でこそげながら、肉をぬがしていくようにして骨をはずす。細い骨からはずしていくとやりやすい。

7
太い骨も同様にして指で肉をこそげ、はずす。

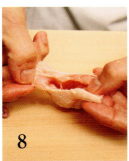

8
2本の骨がきれいにはずされ、袋状になるのでここに詰めものをする。

## ◎ チューリップにする

1 先を切り、P.81の手順1～7まで同様にする。残った骨の両脇にある肉を指ではさみ、刃先を入れる。

2 骨に沿って包丁を動かし、骨から肉をそぐ。

3 でき上がり。

## ◎ スープをとる

1 手羽先の先の部分20本分を用意する。

2 鍋に水1ℓと5×10cmのだし昆布、酒1/2カップ、塩小さじ1と、1の手羽先の先を入れ、中火にかける。

3 沸いたらアクをひき、弱火で20分ほど煮る。

4 そのまま鍋の中で冷まし、粗熱がとれたら手羽先とスープを分け、濾す。スープは密閉容器に入れ、冷蔵庫で3日間、冷凍庫で1か月間保存可。

《焼く》
# 手羽塩山椒焼き

まず、しっかりと
香ばしい焼き目をつけること。
それから下味のたれを
炒めからめるのだ。

材料（2人分）
手羽先…6本
A
　酒…大さじ3
　みりん…大さじ1
　塩…小さじ1
　粉山椒…小さじ1/2
サラダ油…適量
すだち…1個

作り方
1　手羽先は先を関節から切り落とし（P.80参照）、フォークで全体に穴をあける。
2　Aを合わせ、1にもみ込む。10分ほどおき、ペーパータオルで汁けをふき取る。
3　フライパンに油を熱し、2の手羽を皮目から並べ入れる。焼き目がついたら返し、少し火を弱めてじっくり火を通す。出てきた脂はペーパータオルでふき取る。
4　肉に張りが出てきてパンと膨らんだら（中まで火が通っているか心配であれば、火からおろし、ふたをして少しおいておくといい）、残ったAを加えて少し火を強め、手羽に炒めからめる。
5　器に4を盛り、あれば木の芽をのせ、半分に切ったすだちを添える。

＊　切り落とした手羽先はスープにするといい（P.83参照）。

# 手羽先塩麹焼き

第3章 手羽 《焼く》

材料（2人分）
手羽先…6本
A
　塩麹…大さじ4
　みりん…大さじ1
　おろししょうが
　　…小さじ1/2
きゅうり…1本
B
　ごま油…大さじ1
　塩…小さじ1/3
　一味唐辛子…少々
サラダ油…適量
大葉…4枚

作り方
1 手羽先は先を関節から切り落とし（P.80参照）、フォークで全体に穴をあける。
2 Aを合わせ、1にもみ込む。20分ほどおき、ペーパータオルで汁けをふき取る。
3 きゅうりはめん棒でたたいてからひと口大に切り、Bで和える。
4 フライパンに油を熱し、2の手羽を皮目から並べ入れる。焼き目がついたら返し、少し火を弱めてじっくり火を通す。出てきた脂はペーパータオルでふき取る。
5 肉に張りが出てきてパンと膨らんだら（中まで火が通っているか心配であれば、火からおろし、ふたをして少しおいておくといい）、焼き上がり。
6 器に大葉を敷き、5を盛りつけ、3を添える。

「塩麹は身をやわらかにし、おろししょうがは味をキリッと引き締めてくれる」

# 手羽先照り焼き

## 材料（2人分）
- 手羽先…6本
- A
  - 酒…大さじ2
  - みりん…大さじ2
  - しょうゆ…大さじ2
  - 砂糖…小さじ1
- しいたけ…4枚
- サラダ油…適量
- 大根おろし…適量

## 作り方
1. 手羽先は先を関節から切り落とし（P.80参照）、フォークで全体に穴をあける。
2. Aを合わせ、1にもみ込む。10分ほどおき、ペーパータオルで汁けをふき取る。
3. しいたけは軸を落とし、半分に切る。
4. フライパンに油を熱し、2の手羽を皮目から並べ入れる。焼き目がついたら返し、少し火を弱めてじっくり火を通す。フライパンの空いたところに3のしいたけも並べ入れ、ともにこんがりと焼く。出てきた脂はペーパータオルでふき取る。
5. 肉に張りが出てきてパンと膨らんだら（中まで火が通っているか心配であれば、火からおろし、ふたをして少しおいておくといい）、残ったAを加えて少し火を強め、手羽に炒めからめる。
6. 器に盛り、大根おろしを添える。

「定番メニューほど難しいものはない。これは俺がたどり着いた黄金照り焼き比」

# ねぎみそだれ焼き

**材料（2人分）**
- 手羽先…6本
- 長ねぎ（みじん切り）…1本
- A
  - 酒…大さじ3
  - みりん…大さじ3
  - みそ…大さじ2
- サラダ油…適量
- キャベツ（せん切り）…1/6個
- 一味唐辛子…少々

**作り方**
1. 長ねぎとAを混ぜ合わせる。
2. 手羽先は先を関節から切り落とし（P.80参照）、フォークで全体に穴をあける。
3. 1に2を漬けて10分ほどおき、ペーパータオルで汁けをふき取る。
4. フライパンに油を熱し、3の手羽を皮目から並べ入れる。焼き目がついたら返し、少し火を弱めてじっくり火を通す。出てきた脂はペーパータオルでふき取る。
5. 肉に張りが出てきてパンと膨らんだら（中まで火が通っているか心配であれば、火からおろし、ふたをして少しおいておくといい）、残った3のたれを加えて少し火を強め、手羽に炒めからめる。
6. 器にキャベツを盛って5をのせ、一味唐辛子をふる。

バットに合わせたねぎみそだれを入れ、手羽を漬ける。まんべんなくねぎが行き渡るようにして全体に味をしみ込ませる。

第3章 手羽《焼く》

「長ねぎ1本分をたっぷり加えたみそだれが染み込んだ皮部分のうまさったら」

焼き鳥屋風串焼き

材料（2人分）
手羽先…6本
塩、柚子こしょう…各少々
レモン（半月切り）…ひと切れ

作り方
1 手羽先は先を関節から切り落とし（P.80参照）、開いて串を打つ（P.81参照）。
2 1の表面に塩をふる。
3 フライパンに2を並べ入れ、両面こんがり焼き目がつくまで焼く。
4 器に盛り、レモンと柚子こしょうを添える。

「家で手羽焼き。塩をふって、ただ焼くだけなんだけど最高においしくて幸せ」

# タンドリーチキン風

材料(2人分)
手羽元、手羽先…各4本
赤玉ねぎ(小さめの乱切り)…1/4個
レモン(半月切り)…1/4個
A
　ヨーグルト…100g
　レモン汁…1個分
　カレー粉…小さじ2
　おろししょうが…小さじ1
　おろしにんにく…小さじ1
　一味唐辛子…小さじ1/2
　しょうゆ…大さじ1
　トマトケチャップ…大さじ1
B
　酢…大さじ2
　砂糖…小さじ1
　粗びき黒こしょう…少々
　サラダ油…大さじ1

作り方
1 手羽の表面にフォークで数か所穴をあける。
2 Aを混ぜ合わせ、1を漬けて冷蔵庫でひと晩おく。
3 ボウルに赤玉ねぎを入れ、Bを加えて和える。
4 2の手羽の汁けをペーパータオルでふき取る。
5 オーブン用の鉄板にクッキングペーパーを敷き、4を並べる。200℃のオーブンに入れ、両面合わせて20分ほど焼く(10分たったら裏返す)。
6 器に5を盛り、レモンと3を添える。あればパセリも添える。

ヨーグルトにカレー粉とにんにく、しょうがをきかせたたれにしっかりひと晩漬けて味をしみ込ませておけば、あとはオーブンで焼くだけ。

第3章 手羽 《焼く》

「下味にしょうゆとケチャップを加えるのが俺のタンドリーチキン。うまいよ」

# ローストチキン風

材料（2～3人分）
手羽先、手羽元…各4本
じゃがいも…2個
A
　にんにく（みじん切り）…1片
　ローズマリー（みじん切り）
　　…2枝
　オリーブ油…大さじ2
　粗びき黒こしょう…小さじ1/2
塩…適量
レモン（くし形切り）…1/2個

作り方
1　じゃがいもはよく洗い、皮つきのまま、塩少々を加えた湯で串がすっと通るまでゆでる。
2　手羽はフォークで表面に穴をあけ、塩少々を加えて混ぜ合わせたAをもみ込んで30分ほどおく。
3　フライパンに油をひかずに2の手羽を並べ入れ、全面に焼き色がつくまで中火～弱火、と火加減しながらじっくり焼く（途中、中まで火が通ったか心配であればふたをして焼いてもいい）。
4　1のじゃがいもはひと口大に切り、3のフライパンの空いたところで手羽とともに焼く。
5　器に4を盛り合わせ、レモンを添える。あればクレソンも添える。

焼き上がりにレモンをしぼるだけで味が完成するよう、まずはしっかり下味をしみ込ませておく。

「フライパンでできる手羽ローストチキン。クリスマスにも、日々の食卓にも！」

# レモンバター焼き

材料（2人分）
手羽先…6本
塩…少々
薄力粉…適量
サラダ油…適量
国産レモン…1個
白ワイン…大さじ2
バター…15g
粗びき黒こしょう…適量

作り方
1　手羽先は先を関節から切り落とし（P.80参照）、塩をふって薄力粉をまぶしつける。レモンは半分を輪切りに、残りはそのままとっておく。
2　フライパンに油を熱し、1の手羽を皮目から入れて焼く。1のレモンの輪切りも一緒に入れ、焼く。
3　2の手羽の両面に焼き目がついたら白ワインとバターを加え、炒めからめる。
4　仕上げに1の残り半分のレモンをしぼり入れ、器に盛ってこしょうをふる。

「レモン、白ワイン、バターを鶏のうま味に染み込ませるだけ、ただそれだけ」

# バーベキューソース焼き

材料（2〜3人分）
手羽先、手羽元…各4本
赤パプリカ…1個
とうもろこし…1本
サラダ油…適量
A
　酒…大さじ2
　しょうゆ…大さじ2
　みりん…大さじ2
　トマトケチャップ…大さじ1
　はちみつ…大さじ1
　おろしにんにく…小さじ1/2
　おろし玉ねぎ…大さじ1
塩、粗びき黒こしょう…各少々

作り方
1. 手羽先は先を関節から切り落とす（P.80参照）。パプリカはヘタと種を取り、ひと口大に切る。とうもろこしも同じくらいの大きさに切る。
2. フライパンに油を熱し、1を焼く。パプリカととうもろこしは、おいしそうな焼き目がついて火が通ったら塩、こしょうをふって取り出す。
3. 手羽の両面に焼き目がついたらAを加え、炒めからめる。
4. 器に3と2のパプリカ、とうもろこしを盛り合わせる。

「BBQソース味には、休日の幸せな空気とおいしいが詰まっている」

# カリカリパン粉焼き

材料（2人分）
手羽先…6本
A
　パン粉…大さじ4
　にんにく（みじん切り）…大さじ1
　アンチョビ（みじん切り）…大さじ1
　オリーブ油…大さじ2
　バター…15g
パセリ（みじん切り）…大さじ1
塩…少々
薄力粉…適量
サラダ油…適量
トマト（くし形切り）…1個

作り方
1. 冷たいフライパンにAを入れ、弱火で炒める。しっかりしたきつね色になったら火からおろし、パセリを加えて混ぜ合わせる。
2. 手羽先は先を関節から切り落とし（P.80参照）、塩をふって薄力粉をまぶしつける。
3. フライパンに油を熱し、2を焼く。焼き目がついたら返し、少し火を弱めて中まで火を通しながらおいしそうな焼き目がつくまで焼く。
4. 3を器に盛り、1をふりかけてトマトを添える。

「皮のジューシーとアンチョビ＆にんにくを効かせたカリカリパン粉のリズム感」

第3章 手羽《煮る》

## 《煮る》手羽と白菜のスープ煮

ほぼ水と鶏を煮るだけでここまで味が出せるのは、
手羽ならではのなせる技。
トロトロの味わいをどうぞ。

材料（2〜3人分）
手羽先…6本
白菜（ざく切り）…1/4個
A
　水…3カップ
　酒…1/2カップ
　薄口しょうゆ、しょうゆ…各大さじ1
　だし昆布…5×10cm角1枚
塩、粗びき黒こしょう…各少々
ごま油…大さじ1
万能ねぎ（小口切り）…適量

作り方
1　手羽先は先を関節から切り落とす（P.80参照）。
2　フライパンに油をひかずに1を入れ、皮目に焼き目がつくまで焼く。
3　鍋に2、白菜、Aを入れ、火にかける。煮立ったら弱火にして20分ほど煮る。塩、こしょうで味をととのえて、香りづけにごま油をまわしかける。
4　器に盛り、万能ねぎをのせる。

## 手羽と里芋の柚子白みそ煮

材料（2〜3人分）
手羽先…6本
里芋…6個
さやいんげん…6本
A
　水…3カップ
　白みそ…大さじ3
　薄口しょうゆ…大さじ1
　みりん…大さじ1
　だし昆布…5×10cm角1枚
黄柚子の皮（せん切り）
　　…1/4個

作り方
1. 里芋は皮をむいてさっと洗い、ひと口大に切る。手羽先は先を関節から切り落とす（P.80参照）。さやいんげんは食べやすい長さに切る。
2. 鍋に1の里芋と手羽、Aを入れ、火にかける。沸いてきたらアクをひき、弱火にしてアルミホイルで落としぶたをし、20分ほど煮る。
3. 2に1のさやいんげんを加えて3分ほど煮る。
4. 器に盛り、柚子の皮を散らす。

弱火にして落としぶたをすると、短時間で素材にしっかり味がしみ込む。落としぶたは鍋のサイズに合わせて切ったアルミホイルをかぶせれば、それで十分だ。

「手羽と里芋のこっくりした味わいに、白みそと柚子を合わせたほっこり煮」

# 手羽おでん

材料（2〜3人分）
- 手羽先…6本
- 大根（3cm厚さの半月切り）…300g
- こんにゃく（三角形に切る）…100g
- 厚揚げ…1枚
- ちくわぶ…1本
- おでん用昆布…6本
- ゆで卵…2個
- A
  - 水…7 1/2カップ
  - 薄口しょうゆ…大さじ5
  - みりん…大さじ5
  - だし昆布…5×10cm角1枚

作り方
1. 大根はすっと串が通るまで水から下ゆでしておく。こんにゃくは沸騰した湯で下ゆでする。厚揚げは食べやすい大きさに切って、沸騰した湯にさっとくぐらせる。ちくわぶは食べやすい大きさに切る。
2. 手羽先は先を関節から切り落とす（P.80参照）。
3. フライパンに油をひかずに2を並べ入れ、焼き目がつくまで焼く。
4. 鍋に1、3、A、おでん用昆布、ゆで卵を入れ、火にかける。煮立ったら弱火にして30分ほど煮る。
5. 器に盛り、好みで練りからしを添える。

「手羽と昆布さえ入れれば、だし汁いらず。あとは全部お任せあれ！」

材料（2～3人分）
手羽元…6本
ごぼう…1本
ごま油…大さじ1
A
　水…3カップ
　しょうゆ…大さじ2
　みりん…大さじ2
　砂糖…大さじ1
　だし昆布…5×10cm角1枚
　白すりごま…大さじ3
三つ葉（ざく切り）…3本

作り方
1 ごぼうはよく洗い、乱切りにする。鍋にごぼうとかぶるくらいの水を入れ、火にかける。煮立ったらそのまま5分ほどゆで、ざるに上げる。
2 深めのフライパンにごま油を熱し、手羽を焼く。全体に焼き目がついたら1を加え、油がなじむ程度にざっと炒め合わせる。
3 2にAを加え、煮立ったら弱火にする。アルミホイルで落としぶたをし、20分ほど煮る。
4 器に盛り、三つ葉をのせる。

## 手羽とごぼうの利休煮

「たっぷりのすりごまとごぼうと、手羽のうま味が合わさると、こうなるのだ」

## 手羽とれんこんの南蛮煮

材料（2〜3人分）
手羽先…6本
れんこん…150g
ししとうがらし…6本
サラダ油…大さじ1
A
　水…3カップ
　しょうゆ…大さじ2
　みりん…大さじ2
　酢…大さじ3
　砂糖…大さじ1
　だし昆布…5×10cm角1枚
一味唐辛子…少々

作り方
1. 手羽先は先を関節から切り落とす（P.80参照）。れんこんは皮をむき、1cm厚さの半月切りにする。
2. 深めのフライパンに油を熱し、手羽を焼く。焼き目がついたられんこんを加え、油がなじむ程度に炒め合わせる。
3. 2にAを加え、煮立ったら弱火にする。アルミホイルで落としぶたをし、20分ほど煮る。
4. 3にししとうを加え、3分ほど煮る。
5. 器に盛り、一味唐辛子をふる。

「 手羽のふんわりとれんこんのシャキシャキを甘酢っぱい煮汁とともに 」

第3章　手羽《煮る》

# 手羽じゃが

材料(2〜3人分)
手羽先…6本
じゃがいも(大きめの乱切り)…2個
にんじん(乱切り)…1/2本
玉ねぎ(くし形切り)…1/2個
絹さや…6枚
サラダ油…大さじ1
A
　水…1 1/2カップ
　酒…1/2カップ
　砂糖…大さじ2
　しょうゆ…大さじ2 1/2
　だし昆布…5×10cm角1枚

作り方
1 手羽先は先を関節から切り落とす(P.80参照)。絹さやはヘタと筋を取る。
2 フライパンに油を熱し、手羽を焼く。焼き目がついたらじゃがいも、にんじん、玉ねぎを加え、炒め合わせる。
3 野菜がしんなりしたらAを加える。煮立ったら弱火にし、アルミホイルで落としぶたをして10分ほど煮、絹さやを加えてさらに5分煮る。

「手羽と野菜類においしい焼き目をしっかりつけてから煮るので、味わいしっかり。手羽でごちそう感もアップ」

# 手羽とにんにくのとろとろ煮

第3章 手羽 《煮る》

### 材料（2～3人分）
- 手羽先、手羽元…各4本
- にんにく…2個
- 長ねぎ（斜め薄切り）…1本
- A
  - 水…4カップ
  - 酒…1/2カップ
  - だし昆布…5×10cm角1枚
  - 塩…大さじ1/2
- 粗びき黒こしょう…少々

### 作り方
1. 手羽先は先を関節から切り落とす（P.80参照）。にんにくは小房に分けて皮をむく。
2. 鍋に1の手羽先と手羽元、にんにく、長ねぎ、Aを入れ、火にかける。煮立ったら弱火にし、アルミホイルで落としぶたをして1時間ほど煮る。
3. 器に盛り、こしょうをふる。

「 手羽の皮、にんにく、長ねぎのとろとろが混ざり合い、煮汁に溶け、極ウマとなる 」

# 手羽元のコーラ煮

材料（2〜3人分）
手羽元…8本
A
　コーラ…2 1/2カップ
　しょうゆ…1/4カップ
レタス（食べやすくちぎる）…適量
粗びき黒こしょう…少々

作り方
1　深めのフライパンに油をひかずに手羽を入れ、全体に焼き目がつくまで焼く。
2　1にAを加え、煮立ったら弱火にする。アルミホイルで落としぶたをし、ほぼ汁けがなくなるまで煮る。
3　器にレタスとともに盛り合わせ、こしょうをふる。

「煮汁はコーラとしょうゆのみ。まさかの甘じょっぱいうまさに驚け！」

第3章 手羽〈煮る〉

# 手羽と長ねぎのオイスターソース煮

材料（2〜3人分）
手羽先…8本
長ねぎ（5cm長さのぶつ切り）…4本
A
　水…1カップ
　酒…1/2カップ
　しょうゆ…大さじ3
　オイスターソース…大さじ2

作り方
1 手羽先は先を関節から切り落とす（P.80参照）。
2 鍋に長ねぎを敷き詰め、手羽を上にのせる。Aを加えて火にかけ、煮立ったら弱火にする。アルミホイルで落としぶたをし、40分ほど煮る。

「ねぎは手羽のうま味を、手羽はオイスターソースをしっかり吸っておいしさ全開。しかも、このうまさがワンツー工程でできるんだから、俺ってすごい」

# 手羽キムチチゲ

材料（2〜3人分）
手羽元…6本
にら…1/2わ
木綿豆腐…300g
しいたけ（薄切り）…3枚
長ねぎ（薄切り）…1本
キムチ（ざく切り）…150g
A
　水…5カップ
　しょうゆ…大さじ2
　みりん…大さじ2
　みそ…大さじ3
　砂糖…大さじ1
　コチュジャン…大さじ1
　煮干し…5g

作り方
1 にらは5cm長さに、豆腐は食べやすい大きさに切る。
2 鍋にAを入れ、火にかける。煮立ったら手羽と野菜を加える。再び煮立ったらさらに10分煮る。
3 2に豆腐とキムチを加え、ひと煮する。

「手羽と煮干しのコラボで、極上のうま味完成！スープまでしっかり飲み干してほしい」

# 手羽とパプリカのトマト煮

材料(2〜3人分)
- 手羽元…6本
- サラダ油…大さじ1
- 赤パプリカ、黄パプリカ(乱切り)…各1個
- 玉ねぎ(乱切り)…1/2個
- 塩、粗びき黒こしょう…各適量
- A
  - 水…1カップ
  - しょうゆ…大さじ1
  - みりん…大さじ1
  - だし昆布…5×10cm角1枚
  - トマト(水煮缶)…1缶(約400g)

作り方
1. 手羽は全体に塩少々をふる。
2. 深めのフライパンに油を熱し、手羽を焼く。焼き目がついたらパプリカと玉ねぎを加え、塩少々をふって炒め合わせる。
3. 2の野菜がしんなりしたらAを加える。煮立ったらアクをひき、弱火で20分ほど煮る。塩で味をととのえ、こしょうをふる。

「 だし昆布とトマト水煮缶で手羽を煮ると、ワインに合う一品になる 」

## 手羽ときのこのクリーム煮

### 材料（2〜3人分）
- 手羽元…6本
- 塩…適量
- しめじ…1パック
- えのきたけ…1パック
- しいたけ…4枚
- 玉ねぎ（薄切り）…1/2個
- サラダ油…大さじ1
- バター…大さじ1
- 薄力粉…大さじ2
- A
  - 水…1 1/2カップ
  - 牛乳…1 1/2カップ
  - 薄口しょうゆ…大さじ2
  - みりん…大さじ2
  - だし昆布…5×10cm角1枚
- パセリ（みじん切り）…少々

### 作り方
1. 手羽は全体に塩少々をふる。しめじは石づきを、えのきたけは根元を落とし、手でほぐす。しいたけは軸を落とし、食べやすい大きさに切る。
2. 深めのフライパンに油を熱し、手羽を焼く。焼き目がついたら1のきのこ類と玉ねぎを加え、塩少々をふって炒め合わせる。
3. きのこ類がしんなりしたらバターと薄力粉を加え、粉っぽさがなくなるまで炒める。
4. 3にAを加え、煮立ったら弱火にして20分ほど煮る。塩で味をととのえ、器に盛ってパセリを散らす。

「手羽のクリーム煮にも薄口しょうゆとだし昆布を加えるのが俺流」

## 《揚げる》 定番しょうゆ唐揚げ

全面皮の手羽は、しっかり下味を
もみ込んでから一度揚げ!
これでジューシー、ふんわりが実現する。

材料(2人分)
手羽先…6本
溶き卵…1/2個分
薄力粉…大さじ1
片栗粉…適量
A
　しょうゆ…大さじ1 1/2
　みりん…大さじ1 1/2
　粗びき黒こしょう…少々
揚げ油…適量
レモン(半月切り)…ひと切れ

作り方
1 手羽先は皮目全体にフォークで穴をあける。
2 ボウルに1とAを順に入れ、そのつどよくもみ込んで5分ほどおく。
3 2に溶き卵を加え、さらにもみ込む。
4 3に薄力粉を加えてもみ込む。
5 4に片栗粉をまぶしつけ、170℃の揚げ油で6分ほどからりときつね色になるまで揚げる。
6 器に盛り、レモンを添える。

ひとつずつ調味料を加えてもみ込むことで、しっかり下味がつく。仕上げは薄力粉でうまみを閉じ込め、片栗粉をまぶしつけて揚げ上がりをカリッとさせる。

# 笠タッキーフライドチキン

材料（2人分）
手羽元、手羽先…各4本
A
　水…5カップ
　酒…1/2カップ
　塩…大さじ1
B
　牛乳…130ml
　卵…1個
　片栗粉…大さじ2
C
　薄力粉…200g
　強力粉…大さじ3
　塩…小さじ2
　こしょう…小さじ1/4
　粗びき黒こしょう…小さじ1/2
　ガーリックパウダー…小さじ1
　ジンジャーパウダー…小さじ1/3
　セージ（乾燥、粉末）…小さじ1/5
　タイム（乾燥、粉末）…小さじ1/5
　ナツメグ（乾燥、粉末）…小さじ1/5
　オレガノ（乾燥、粉末）…小さじ1/5
　バジル（乾燥、粉末）…小さじ1/5
揚げ油…適量

作り方
1　鍋に手羽とAを入れ、火にかける。沸いてきたら弱火にし、30分ほどゆでてそのまま鍋の中で常温になるまで冷ます。
2　BとCはそれぞれ混ぜ合わせておく。Cはへらでざっくり混ぜたあと、泡立て器でていねいに混ぜ合わせる。
3　1の手羽の水けをペーパータオルでふき取り、Bにくぐらせ、Cをまぶしつける。余分な粉は軽くはたいて落とす。
4　170℃の揚げ油で3を3分ほど全面こんがりと揚げる。

おいしさの秘密は、薄力粉と強力粉を合わせたころもに加えたこの9種のスパイス！　粉末を使って、よりしっかりしみ込むようにしてみた。

第3章　手羽《揚げる》

「ゆでてから9種のスパイスと、薄力粉と強力粉を合わせた衣で揚げるW調理」

# カレー風味竜田揚げ

材料（2人分）
手羽元…6本
A
　しょうゆ…大さじ1
　カレー粉…大さじ1
　牛乳…大さじ2
薄力粉…大さじ1
片栗粉…適量
揚げ油…適量
グリーンアスパラガス…2本

作り方
1. 手羽は皮目全体にフォークで穴をあける。
2. ボウルに1とAを入れ、よくもみ込んで5分ほどおく。
3. 2に薄力粉を加えてもみ込む。
4. 3に片栗粉をまぶしつけ、170℃の揚げ油で6分ほどからりときつね色になるまで揚げる。
5. アスパラガスは食べやすい長さに切って、さっと素揚げする。

「下味のしょうゆとカレー粉に牛乳を加えて、ふっくらマイルドに」

名古屋風手羽先揚げ

## 材料（2人分）
手羽先…8本
A
- 酒…大さじ2
- 塩…小さじ1

B
- 酒…大さじ4
- しょうゆ…大さじ4
- みりん…大さじ4
- 酢…大さじ2
- 砂糖…大さじ1
- おろししょうが…小さじ1
- おろしにんにく…小さじ1

片栗粉…適量
揚げ油…適量
粗びき黒こしょう…適量
白いりごま…適量
キャベツ（せん切り）…適量
パセリ…適量

## 作り方
1. 手羽先は先を関節から切り落とし（P.80参照）、フォークで全体に穴をあける。
2. 1にAをしっかりともみ込み、ペーパータオルで軽く汁けをふき取る。
3. 2の手羽の表面全体に少し厚めに片栗粉をまぶしつける。
4. 180℃の揚げ油で3を4〜5分、全体がこんがりきつね色になるまで揚げる。
5. 小鍋にBを合わせ入れ、火にかける。ふつふつとしてきたらへらで混ぜながら少しとろみがつくまで煮詰める。
6. 揚げたての4の片面に刷毛で5をぬり、こしょうをふってごまをかける。器に盛り、キャベツとパセリを添える。

全体が皮で覆われているので鶏ももものように二度揚げする必要もなし。まわりの泡が小さくなり、浮いてきて全体がきつね色になったら揚げ上がり。

「手羽といえば、名古屋でしょう！ サクサクの揚げたてにほんのり酢がきいたたれをさっとぬって仕上げた俺流、名古屋風の手羽先揚げ」

チューリップフライ

第3章 手羽 《揚げる》

材料（2人分）
手羽先…6本
薄力粉、パン粉…各適量
溶き卵…1個分
牛乳…大さじ1
A
　酒…大さじ3
　みりん…大さじ2
B
　ウスターソース、中濃ソース…各1/2カップ
　しょうゆ…大さじ3
揚げ油…適量
キャベツ（ざく切り）…1/6個
練りがらし…少々

作り方
1 手羽先は先を関節から切り落とし（P.80参照）、チューリップにする（P.83参照）。
2 溶き卵と牛乳は合わせておく。
3 小鍋にAを入れ、火にかける。煮立ったら火を止め、そのまま冷ます。粗熱がとれたらBを加えて混ぜ合わせる。
4 1にひとつずつ薄力粉、2、パン粉を順につけ、170℃の揚げ油で4〜5分、きつね色になるまで揚げる。
5 器に4とキャベツを盛り合わせ、練りがらしを添える。3をつけて食べる。

ころもをつけるときは片手で手早く作業できるよう、あらかじめ順番に材料を並べておくといい。パン粉をつける際は、チューリップにした手羽が丸まらないように気をつけること（丸まっていると、全体がカリッと揚がらないので）。

「チューリップの開き方は解体新書をご覧あれ。ウスターソースとからしをつけて食べるのが身上です」

## チューリップベニエ

第3章 手羽 《揚げる》

材料(2人分)
手羽先…6本
A
　薄力粉…60g
　ビール…1/2カップ
　塩…小さじ1/3
　粉チーズ…大さじ1
　粗びき黒こしょう…少々
ミニトマト(ヘタを取る)…6個
揚げ油…適量
レモン(半月切り)…1/4個

作り方
1 手羽先は先を関節から切り落とし(P.80参照)、チューリップにする(P.83参照)。
2 Aを混ぜ合わせてころもを作る。
3 1とミニトマトを2にくぐらせ、170℃の揚げ油で4〜5分揚げる。
4 器に盛り、レモンを添える。

「薄力粉にビールを加えてふわっと感、増量。レモンをキュッと搾ってシンプルに」

# チューリップ白黒ごま揚げ

材料(2人分)
手羽先…6本
塩…少々
A
　白いりごま、黒いりごま
　　…各大さじ3
B
　みそ…大さじ1
　みりん…大さじ1
　長ねぎ(みじん切り)…大さじ1
卵…1個
薄力粉…適量
揚げ油…適量
一味唐辛子…少々

作り方
1　手羽先は先を関節から切り落とし(P.80参照)、チューリップにし(P.83参照)、塩をふる。
2　Aは混ぜ合わせておく。卵は卵黄と卵白に分けておく。Bと卵黄は混ぜ合わせておく。
3　1の手羽に薄力粉、溶いた卵白、Aを順につけ、170℃の揚げ油で4～5分揚げる。油に入れたら触らないでおく。
4　器に盛り、Bを添えて一味唐辛子をふる。

「薄力粉と卵白でサクッと感を、Wのごま使いでプチプチ感を!」

# 油淋鶏風唐揚げ

材料（2人分）
手羽先…6本
A
- しょうゆ…大さじ1
- 酒…大さじ1
- 粗びき黒こしょう…少々

B
- 酢…大さじ3
- しょうゆ…大さじ3
- 砂糖…大さじ2
- ごま油…大さじ2

C
- 長ねぎ（みじん切り）…1/2本
- にんにく（みじん切り）…1片
- しょうが（みじん切り）10g

片栗粉…適量
揚げ油…適量
貝割れ菜…1/2パック
一味唐辛子…少々

作り方

1　手羽先は皮目全体にフォークで穴をあける。

2　ボウルに1とAを入れ、よくもみ込んで5分ほどおく。

3　小さめのボウルにBとCを入れ、混ぜ合わせておく。

4　2に片栗粉をまぶしつけ、170℃の揚げ油で6分ほどからりときつね色になるまで揚げる。

5　器に根元を落とした貝割れ菜を敷き詰め、4を盛る。3をかけて一味唐辛子をふる。

「サクッと揚げたから揚げに、長ねぎとにんにくが効いたたれをたっぷり」

# 揚げ手羽元のあんずジャムソースがけ

材料（2人分）
手羽元…6本
A
　しょうゆ…大さじ1
　みりん…大さじ1
　粗びき黒こしょう…少々
片栗粉…適量
B
　玉ねぎ…1/4個
　ピーマン…1個
　赤パプリカ…1/4個
　黄パプリカ…1/4個
C
　ごま油…大さじ1
　塩…ひとつまみ
揚げ油…適量
D
　あんずジャム（市販）
　　…100g
　酒…大さじ2
　しょうゆ…大さじ2
　酢…大さじ2
　水…大さじ2
水溶き片栗粉…適量

作り方
1　手羽は皮目全体にフォークで穴をあける。
2　ボウルに1とAを入れ、よくもみ込んで5分ほどおく。
3　Bの野菜は種とヘタを取り、細かく刻んでCと和える。
4　2に片栗粉をまぶしつけ、170℃の揚げ油で6分ほどからりときつね色になるまで揚げる。
5　鍋にDを入れ、火にかける。煮立ったら水溶き片栗粉を加え、とろみをつける。
6　器に3をあしらい、4を盛り、5をかける。

「しっかり下味をつけて揚げた手羽に甘酸っぱいあんずのソースをからめて」

## ピリ辛スパイスがらめ

第3章 手羽 《揚げる》

**材料（2人分）**
- 手羽先…6本
- A
  - 酒…大さじ1 1/2
  - おろしにんにく…小さじ1/2
- 片栗粉…適量
- 揚げ油…適量
- B
  - チリパウダー…小さじ1/2
  - 塩…小さじ1/2
  - 砂糖…小さじ1/2
  - こしょう…小さじ1/2

**作り方**
1. 手羽先は皮目全体にフォークで穴をあける。
2. ボウルに1とAを入れ、よくもみ込んで5分ほどおく。
3. 2に片栗粉をまぶしつけ、170℃の揚げ油で6分ほどからりときつね色になるまで揚げる。
4. 別のボウルにBを入れてよく混ぜ合わせ、揚げたての3を入れ、ざっとからめる。

「下味のおろしにんにくに、チリパウダーがさらなるパンチを効かせる！」

# のり塩がらめ

材料（2人分）
手羽先…6本
A
　酒…大さじ1 1/2
　おろししょうが…小さじ1
片栗粉…適量
揚げ油…適量
B
　青のり…大さじ1
　塩…小さじ1/2
　粗びき黒こしょう…少々

作り方
1　手羽先は皮目全体にフォークで穴をあける。
2　ボウルに1とAを入れ、よくもみ込んで5分ほどおく。
3　2に片栗粉をまぶしつけ、170℃の揚げ油で6分ほどからりときつね色になるまで揚げる。
4　別のボウルにBを入れてよく混ぜ合わせ、揚げたての3を入れ、ざっとからめる。

「大好きなポテトチップスの味を、手羽先唐揚げで実現」

# 中華風素揚げ

材料（2人分）
手羽先…6本
塩…少々
はちみつ…大さじ2
揚げ油…適量
A
└ 粉山椒…小さじ1
└ 塩…大さじ1
レモン（半月切り）…1/4個

作り方
1 手羽先は塩をふってよくもみ込む。
2 鍋に湯を沸かし、1を皮がピンと張るくらいまでゆでてざるに上げる。
3 2の水けをペーパータオルでふき取り、全体にまんべんなくはちみつをもみ込む。
4 3を金串に刺し、風通しのいいところに吊して30分〜1時間ほど干す。
5 4の金串をはずし、170℃の揚げ油で6分ほど素揚げする。
6 器に5を盛り、合わせたAとレモンを添える。

おいしいアメ色がつくよう、はちみつが、しっかりと行き渡るようにもみ込む。

風通しのいいところに吊し、表面がパリッとするまで干し、うま味をとじ込める。

「はちみつをもみ込んだアメ色のパリッと香ばしい皮が最高にうまい。山椒塩をふって、レモンを搾ってどうぞ」

## 《ゆでて、漬ける》
## ゆで手羽

水、酒、塩、昆布でゆで、
うま味をしっかり閉じ込めてから、
漬けだれに漬け、さらなるうま味を
しみ込ませる「ゆで、漬け大作戦」。
これは酒のつまみに最高！
手で食べる楽しさがなお一層美味しさを
引き立ててくれること間違いなし。

# ゆで手羽 武蔵小山風

## 材料（2人分）
- 手羽先…6本
- 長ねぎ（ぶつ切り）…1/2本
- しょうが（薄切り）…5g
- にんにく…1片
- A
  - 水…5カップ
  - 酒…1/2カップ
  - 塩…小さじ1
  - だし昆布…10cm角1枚
- B
  - しょうゆ…大さじ2
  - みりん…大さじ1
  - こしょう…小さじ1/2

## 作り方
1. にんにくは包丁の腹でつぶす。
2. 鍋に手羽先、長ねぎ、しょうが、にんにく、Aを入れ、火にかける。煮立ったらアクをひいて弱火にし、20分ほど煮る。ゆで汁に浸したまま冷ます。
3. 2の手羽の汁けをペーパータオルでふき取り、Bをよくもみ込む。先の部分に金串を刺し、風通しのいいところにしばらくおいて表面が乾くまでおいてから食べる。

「ゆでて、漬けるのベーシックスタイル」

# ゆで手羽黒酢香り漬け

材料（2人分）
手羽先…6本
A
　水…5カップ
　酒…1/2カップ
　塩…小さじ1
　だし昆布…10cm角1枚
B
　紹興酒、酒…各大さじ1
　黒酢…大さじ2
　しょうゆ…大さじ3
　砂糖…大さじ2 1/2
　ゆで汁…大さじ3
長ねぎ（みじん切り）…1/2本
八角…1個
ローリエ…2枚
鷹の爪…2本

作り方
1　鍋に手羽先とAを入れ、火にかける。煮立ったらアクをひいて弱火にし、20分ほど煮る。ゆで汁に浸したまま冷ます。
2　1の手羽の汁けをペーパータオルでふき取る。
3　深めの容器にB、長ねぎ、八角、ローリエ、鷹の爪を加えて混ぜ合わせ、2を加える。ラップまたはふたをし、冷蔵庫で半日ほど漬けてから食べる。

＊冷蔵庫で5日間ほど保存可。

「だし昆布と酒でゆでた手羽を黒酢と紹興酒で漬けること半日。ご馳走完成」

第3章　手羽　《ゆでて、漬ける》

## ゆで手羽 はちみつレモン漬け

材料（2人分）
手羽先…6本
国産レモン…1個
A
　水…5カップ
　酒…1/2カップ
　塩…小さじ1
　だし昆布…10cm角1枚
B
　はちみつ…大さじ2
　薄口しょうゆ…大さじ2
　サラダ油…大さじ1
　粗びき黒こしょう…適量
　ゆで汁…大さじ3

作り方
1 鍋に手羽先とAを入れ、火にかける。煮立ったらアクをひいて弱火にし、20分ほど煮る。ゆで汁に浸したまま冷ます。
2 1の手羽の汁けをペーパータオルでふき取る。
3 レモンは半分を輪切りにし、残りはしぼっておく。
4 深めの容器にB、2、レモンのしぼり汁を入れ、ざっと合わせてからレモンの輪切りをのせる。ラップまたはふたをし、冷蔵庫で半日ほど漬けてから食べる。

＊ 冷蔵庫で5日間ほど保存可。

「 はちみつレモンは、飲み物だけじゃなくて手羽にも合うという事実 」

第3章 手羽〈ゆでて、漬ける〉

# ゆで手羽のみそ漬け

### 材料（2人分）
- 手羽先…6本
- きゅうり…1本
- A
  - 水…5カップ
  - 酒…1/2カップ
  - 塩…小さじ1
  - だし昆布…10cm角1枚
- B
  - みそ…100g
  - 酒…大さじ2
  - 砂糖…30g

### 作り方
1. 鍋に手羽先とAを入れ、火にかける。煮立ったらアクをひいて弱火にし、20分ほど煮る。ゆで汁に浸したまま冷ます。
2. 1の手羽の汁けをペーパータオルでふき取る。
3. 深めの容器にBを入れて混ぜ合わせ、2、きゅうりを加え、ざっと合わせる。ラップまたはふたをし、冷蔵庫で1日ほど漬ける。
4. ペーパータオルで手羽のみそをふき取る。そのままでもおいしいが、洗って水けをふき、フライパンでさっと焼き目をつけてから食べるとなおおいしい。きゅうりはみそをふき取り、食べやすく切ってそのまま食べる。

＊ 冷蔵庫で5日間ほど保存可。

「 みそ、酒、砂糖に漬けたものは、さっと炙って焼き目をつけるとなおいい 」

## ゆで手羽の昆布〆 わさび添え

材料（2人分）
手羽先…6本
A
　水…5カップ
　酒…1/2カップ
　塩…小さじ1
　だし昆布…10cm角1枚
だし昆布…適量
わさび…適量
すだち…1個

作り方
1 鍋に手羽先とAを入れ、火にかける。煮立ったらアクをひいて弱火にし、20分ほど煮る。ゆで汁に浸したまま冷ます。
2 1の手羽の汁けをペーパータオルでふき取り、表面をかたくしぼったふきんでふいた昆布で挟む。ラップまたはふたをし、冷蔵庫で1日ほどおく。
3 2の手羽を器に盛り、半分に切ったすだちとわさびを添える。
＊ 昆布〆は、容器の下にだし昆布を敷き詰め、手羽を並べ、上にも昆布をのせ、挟むようにする。残った昆布は、適当な大きさに切って鍋に入れ、水と酢を同量ずつ加え

て（ひたひたぐらいまで）火にかけ、やわらかくなるまで1時間ほど煮る。別の鍋に汁けを切って入れ、しょうゆ1、みりん2の割合で加えて煮汁がなくなるまで煮る。好みで実山椒を加えても。密閉容器に入れ、冷蔵庫で約10日間保存可。

「ゆで手羽をだし昆布でサンドしてわさびとすだちで、あっさり、さっぱり」

# ゆで手羽おろし野菜マリネ

材料（2人分）
手羽先…6本
A
　水…5カップ
　酒…1/2カップ
　塩…小さじ1
　だし昆布…10cm角1枚
玉ねぎ…100g
にんじん…50g
大根…30g
B
　しょうゆ…大さじ2
　砂糖…小さじ2
　サラダ油、酢…大さじ4
　粗びき黒こしょう…少々
レタス（せん切り）…少々

作り方
1 鍋に手羽先とAを入れ、火にかける。煮立ったらアクをひいて弱火にし、20分ほど煮る。ゆで汁に浸したまま冷ます。
2 1の手羽の汁けをペーパータオルでふき取る。
3 玉ねぎ、にんじん、大根をすりおろす。おろし玉ねぎはさらしに包み、しっかり水けをしぼる。
4 深めの容器に3とBを入れて混ぜ合わせ、2を加え、ざっと合わせる。ラップまたはふたをし、冷蔵庫で1日ほど漬ける。
5 器にレタスを敷き詰め、4を盛って漬けだれをまわしかける。

「すりおろした野菜の甘みとうま味が凝縮した漬けだれが最強です」

# ゆで手羽 コチュジャン酢みそ

材料（2人分）
手羽先…6本
A
: 水…5カップ
: 酒…1/2カップ
: 塩…小さじ1
: だし昆布…10cm角1枚
B
: コチュジャン…大さじ1
: みそ…大さじ1
: 酢…大さじ1 1/2
: 砂糖…大さじ1/2
サンチュ…適量

作り方
1 鍋に手羽先とAを入れ、火にかける。煮立ったらアクをひいて弱火にし、20分ほど煮る。ゆで汁に浸したまま冷ます。
2 1の手羽の汁けをペーパータオルでふき取る。
3 Bは混ぜ合わせておく。
4 器に2とサンチュを盛り合わせ、3をつけて食べる。

ゆでた手羽はゆで汁につけたまま密閉容器に入れ、冷蔵庫で5日間保存可。食べるときに酢みそをつけて食べる。

「コチュジャンみそをつけて、サンチュを巻いて食べる焼肉スタイル手羽」

## 《詰める》手羽餃子

袋状にした手羽に
豚ひき肉や明太子などをつめた手羽餃子。
ジューシー on ジューシー。

材料(2人分)
手羽先…6本
A
　豚ひき肉…100g
　にら(みじん切り)…3本
　長ねぎ(みじん切り)…1/4本
　ごま油…小さじ1
　オイスターソース…大さじ1
　粗びき黒こしょう…少々
サラダ油…大さじ1
酒…大さじ2
酢…適量
しょうゆ…適量
ラー油…適量
練りがらし…少々

作り方
1. 手羽先は袋状にする(P.82参照)。
2. ボウルにAを入れ、粘りが出るまでよく練り混ぜる。
3. 1に2を等分に詰め、楊枝で口を留める。
4. フライパンに油を熱し、3を焼く。両面に焼き目がついたら酒をふり入れ、ふたをして5分ほど蒸し焼きにする。
5. 楊枝をはずし(熱いので気をつける)、器に盛って酢じょうゆ、ラー油、練りがらしを添える。

へらと指を使い、袋状にした手羽の中にギュッと詰め込む。皮がパンと張るくらいが目安。

## 手羽明太詰め焼き

材料（2人分）
手羽先…6本
明太子…60g
万能ねぎ（小口切り）…大さじ1
塩…少々
サラダ油…大さじ1
大根おろし…大さじ3
すだち…1個

作り方
1 手羽先は袋状にする（P.82参照）。
2 明太子は薄皮に切り目を入れ、中身をこそげ取って万能ねぎと混ぜ合わせる。
3 1に2を等分に詰め、楊枝で口を留めて塩をふる。
4 フライパンに油を熱し、3の両面にしっかり焼き目がつくまで焼く。
5 器に盛り、大根おろしと半分に切ったすだちを添える。

## 手羽梅しそ焼き

# 手羽豆腐詰め煮込み

**材料（2人分）**
手羽先…6本
木綿豆腐…80g
A
　三つ葉（ざく切り）…5本
　しいたけ（せん切り）…1枚
　にんじん（せん切り）…30g
　砂糖…小さじ1/2
　塩…小さじ1/3
　片栗粉…小さじ2
B
　水…3カップ
　だし昆布…5×10cm角1枚
　しょうゆ、みりん…各大さじ3
水溶き片栗粉…適量
塩、白髪ねぎ、粉山椒…各少々

**作り方**
1　豆腐はペーパータオルに包み、重しをしてしっかり水きりする。
2　手羽先は袋状にする（P.82参照）。
3　ボウルに1を手で崩しながら入れ、Aを加えて混ぜ合わせる。
4　2に3を等分に詰め、楊枝で口を留めて塩をふる。
5　鍋にBを入れ、火にかける。煮立ったら4を入れる。再び煮立ったら弱火にし、10分ほど煮る。
6　5の手羽を器に盛る。
7　鍋の中に残った煮汁に水溶き片栗粉を加えてとろみをつけ、6にまわしかける。白髪ねぎをのせて粉山椒をふる。

**材料（2人分）**
手羽先…6本
梅干し…6個
大葉（みじん切り）…5枚
塩…少々
サラダ油…大さじ1
わさび…少々

**作り方**
1　手羽先は袋状にする（P.82参照）。
2　梅干しは種をはずす。果肉を包丁でたたき、大葉と混ぜ合わせる。
3　1に2を等分に詰め、楊枝で口を留めて塩をふる。
4　フライパンに油を熱し、3の両面にしっかり焼き目がつくまで焼く。
5　器に盛り、わさびを添える。

## アボカド詰めフライ

材料(2人分)
手羽先…6本
アボカド(ひと口大に切る)…1/2個
塩、粗びき黒こしょう…各少々
薄力粉…適量
パン粉…適量
A
　溶き卵…1個分
　牛乳…大さじ1
揚げ油…適量
B
　マヨネーズ…大さじ1
　トマトケチャップ…大さじ1
　タバスコ…少々
レタス…適量

作り方
1 手羽先は袋状にする(P.82参照)。AとBはそれぞれ合わせておく。
2 1にアボカドを等分に詰め、楊枝で口を留めて塩、こしょうをふる。
3 2に薄力粉、合わせたA、パン粉の順にころもをつけ、170℃の揚げ油で4〜5分、きつね色になるまで揚げる。
4 器にレタスとともに盛り合わせ、合わせたBを添える。

## チーズ詰め磯辺揚げ

# うずらの卵詰めフライ

材料（2人分）
手羽先…6本
プロセスチーズ（ひと口大に切る）…60g
塩…少々
薄力粉…少々
A
　卵黄…1個分
　水…1/2カップ
　薄力粉…50g
　青のり…大さじ1
ししとうがらし…4本
揚げ油…適量
すだち…1個

作り方
1　手羽先は袋状にする（P.82参照）。Aは合わせておく。ししとうは1か所包丁で切り目を入れる。
2　1の手羽にプロセスチーズを等分に詰め、楊枝で口を留めて塩をふる。
3　2に薄く薄力粉をまぶしつけ、合わせたAにくぐらせる。170℃の揚げ油で4〜5分、きつね色になるまで揚げる。ししとうはさっと素揚げする。
4　器に盛り、半分に切ったすだちを添える。

材料（2人分）
手羽先…6本
うずらの卵（水煮）…6個
塩、粗びき黒こしょう…各少々
薄力粉…適量
パン粉…適量
A
　溶き卵…1個分
　牛乳…大さじ1
揚げ油…適量
キャベツ（せん切り）…適量
練りがらし…適量
中濃ソース…適量
レモン（くし形切り）…1/4個

作り方
1　手羽先は袋状にする（P.82参照）。
2　1にうずらの卵を詰め、楊枝で口を留めて塩、こしょうをふる。
3　2に薄力粉、合わせたA、パン粉の順にころもをつけ、170℃の揚げ油で4〜5分、きつね色になるまで揚げる。
4　器に盛り、キャベツとレモン、練りがらし、ソースを添える。

《Special》
## 蒸しぜいたくスープ

手羽を使ったスペシャリテは、
香ばしい焼き目の風味と
鶏だしが凝縮されたスープから。
他にもスモーク、北京ダック風と
手羽の可能性が広がるメニューが続々。

材料(2人分)
手羽先…4本
干し貝柱…2個
さきいか…10g
だし昆布…5cm角2枚
干しえび…5g
長ねぎ(食べやすい大きさのぶつ切り)…1/2本
白菜(食べやすい大きさに切る)…50g
塩、粗びき黒こしょう…各少々
A
　水…3 3/4カップ
　酒…大さじ2
　薄口しょうゆ…大さじ2

作り方
1 フライパンに油をひかずに手羽先を並べ、香ばしい焼き目がつくまで焼く。同じフライパンで長ねぎも焼き目がつくまで焼く。
2 耐熱の2つの器に塩、こしょう以外の材料を半量ずつ入れ、ふわりとラップをかける。
3 蒸気の上がった蒸し器に2を入れ、1時間ほど蒸す。
4 味をみて足りなければ、塩で味をととのえ、こしょうをふる。

スープにコクを加えるため、あらかじめ手羽先は焼いて、焼き目をつけておく。ちょっとぜいたくに干し貝柱と干しえびを加えるほか、味出しにさきいかを加えるのが俺流。

# 手羽先スモーク

材料（2〜3人分）
手羽先…8本
ラディッシュ…1束
桜チップ…ひとつかみ
A
　水…5カップ
　酒…1/2カップ
　塩…小さじ1
　だし昆布…10cm角1枚
B
　しょうゆ…大さじ2
　みりん…大さじ1
　粗びき黒こしょう…小さじ1/2

作り方
1 鍋に手羽先とAを入れ、火にかける。煮立ったら弱火にして20分ほどゆで、そのままゆで汁の中で冷ます。
2 1の手羽の汁けをペーパータオルでふき取り、Bをもみ込んで10分ほどおく。
3 使い古した深さの多少あるフライパンに桜チップを入れ、上に網をのせる。
4 2の汁けをペーパータオルで軽くふき取り、3の網の上に並べて火にかける。煙が出てきたら、ボウルを逆さにしてかぶせ弱火で5分ほどスモークする。火を消し、少したってからボウルをはずす（すぐにボウルをはずすと煙が外に出て危険です。また、ボウルは熱くなっているので注意）。
5 器に手羽を盛り、ラディッシュを添える。

フライパンは使い古しのものを使うとよい。写真のように桜チップを入れ、上に手羽をのせた網を重ねてスモークする。

煙が出始めたら、すぐにボウルを逆さまにしてふたをする。

「フライパンで簡単にできる、手羽スモーク。お酒によく合う！」

# 手羽白湯スープ

## 材料（作りやすい分量）
- 手羽先…8本
- 玉ねぎ（薄切り）…1/2個
- A
  - 水…5カップ
  - 酒…1カップ
  - 塩…小さじ1
  - だし昆布…10cm角1枚
- 万能ねぎ（小口切り）…少々
- 塩、粗びき黒こしょう…各適量

## 作り方
1. 手羽先はぶつ切りにする。
2. 鍋に1と玉ねぎ、Aを入れ、強火にかける。煮立ったら中火にし、30分ほど煮る。水が減ってきたら足す。
3. 2の手羽をめん棒でつぶす。スープが白濁するまで細かく砕き、エキスを出す。
4. 3を濾し、濾し器またはざるの上からもめん棒で押し、しっかりうま味を出す。
5. スープを器に盛って万能ねぎを散らし、塩、こしょうをして好みの味加減にする。

スープが白濁するまで、肉も骨もしっかりと砕く。

濾すときも肉の上からめん棒で押し、うま味をすべてしぼり出す。

「身も骨もよくよくつぶしてうま味を出し切った焼き鳥屋の定番スープ」

# 水炊き

材料（2人分）
手羽先、手羽元…各4本
A
　水…6カップ
　酒…1カップ
　薄口しょうゆ…大さじ4
　みりん…大さじ4
　だし昆布…5×10cm角1枚
長ねぎ（斜め薄切り）…1本
白菜（ざく切り）…1/6個
えのきたけ（根元を落とし、ほぐす）…1袋
春菊（葉だけ摘む）…1/3束
絹ごし豆腐（8等分に切る）…1丁
B
　水…大さじ4
　しょうゆ…大さじ4
　レモン汁…大さじ4
　みりん…大さじ1 1/3
　砂糖…小さじ1
　だし昆布…3cm角1枚
大根おろし…大さじ4
一味唐辛子…少々

作り方
1　土鍋に手羽とAを入れ、火にかける。煮立ったら弱火にし、30分ほど炊く。
2　Bは合わせておく。
3　1に長ねぎ、白菜、えのきたけ、春菊、豆腐を加え、煮る。火が通った順にそれぞれ器に取り、Bと大根おろし、一味唐辛子を合わせたたれで食べる。

「　弱火でじっくりコトコト煮たじんわり甘みが出た
手羽スープが白菜やえのきにじんわり染み込んだ一品。
スペシャルだれと一味大根おろしでどうぞ　」

北京ダック風

材料（2～3人分）
手羽先…8本
しょうゆ…大さじ2
揚げ油…適量
食パン（8枚切り）…1袋
長ねぎ（細切り）…1/2本
きゅうり（細切り）…1/2本
テンメンジャン…大さじ2

作り方
1 手羽先は沸騰した湯でさっとゆでる。ペーパータオルで水けをふき、しょうゆをもみ込む。金串に刺し、30分～1時間ほど風通しのいいところで干す。
2 170℃の揚げ油で1をきつね色になるまで素揚げする。
3 2の皮の部分を包丁でそぐようにして切り、残りの肉の部分は細かくほぐして骨をはずす。
4 食パンはみみを切り落とし、めん棒で薄くのばす。
5 器に3、4、長ねぎ、きゅうりを盛り合わせ、テンメンジャンを添える。食パンにすべてをのせ、巻いて食べる。

干してから揚げることでパリッと香ばしく仕上がった皮はまさしく北京ダック！

「もみ込み、干し、揚げるの3ステップで皮パリパリが実現。手羽だって、ダックになれるのだ!!」

## 《ご飯と麺》 手羽先炊き込みご飯

たっぷりのゼラチンと、うまいだし、そしてコク！ と三拍子揃った、使える素材・手羽はご飯ものや麺ものにも、もちろんよく合う！ というわけで、手羽のうまさに頼りきって作る、簡単極上のご飯＆麺を紹介しよう。これで主食も〆も完璧だ。

材料(2人分)
手羽先…6本
塩…少々
米…2合
しいたけ(粗みじん切り)…2枚
A
├ 水…1 1/2カップ
├ 薄口しょうゆ…大さじ2
├ 酒…大さじ2
└ だし昆布…3cm角1枚
三つ葉(ざく切り)…5本

作り方
1 米はとぎ、30分ほど浸水させてざるに上げる。
2 手羽先は先を関節から切り落とし(P.80参照)、塩をふる。
3 フライパンに油をひかずに2を並べ入れ、両面に焼き目をつける。
4 土鍋に1、しいたけ、Aを入れ、3をのせてふたをし、強火にかける。ふいてきたら中火にし、5分ほど炊き、弱火にしてさらに15分炊く。
5 炊き上がりに三つ葉を散らし、昆布を取り出してからさっくり混ぜる。

手羽先からよいだしが出る理由は骨付きだから。そこにさらに香ばしい焼き目をつけて、ご飯にコクとうま味をしみ込ませ、究極の炊き込みご飯に仕上げる。

# 手羽天丼

第3章 手羽 《ご飯と麺》

材料（2人分）
手羽先…6本
A
　だし汁…90ml
　しょうゆ…大さじ2
　みりん…大さじ2
B
　卵黄…1個分
　冷水…3/4カップ
　薄力粉…80g
ししとうがらし…4本
なす…1本
かぼちゃ…100g
薄力粉…各適量
揚げ油…各適量
ご飯…丼2杯

作り方
1. 手羽先は先を関節から切り落とし（P.80参照）、チューリップにして（P.83参照）骨を抜き取る。
2. Aは小鍋に入れて火にかけ、ひと煮立ちさせて冷ましておく。Bは合わせておく。
3. ししとうは包丁で切り目を入れる。なす、かぼちゃは食べやすく切る。
4. 1、3に薄く薄力粉をまぶし、Bにくぐらせる。170℃の揚げ油でまわりの泡が小さくなり、浮いてくるまで両面からりと揚げる。
5. 丼にご飯をよそい、2のAを少しかけて4を盛り合わせる。再びAをかけて仕上げる。

「チューリップにした手羽をからりと揚げた夢の天丼。コクありすぎ！」

## 手羽蒲焼き丼

材料（2人分）
手羽先…8本
サラダ油…大さじ1
A
　しょうゆ…大さじ2
　酒…大さじ2
　みりん…大さじ2
　砂糖…大さじ1
ご飯…丼2杯
焼きのり（細かくちぎる）…1/2枚
粉山椒…少々
白いりごま…大さじ1
貝割れ菜…1/3パック

作り方
1　手羽先は先を関節から切り落とし（P.80参照）、チューリップにして（P.83参照）骨を抜き取る。
2　フライパンに油を熱し、1を両面こんがり焼き目がつくまで焼く。ペーパータオルで余分な脂をふき取り、Aを加えて炒めからめる。
3　丼にご飯をよそい、のりをかけて2をたれごとのせる。
4　3に粉山椒と白ごまをふり、根元を落とした貝割れ菜を添える。

「うなぎはなくとも手羽さえあれば、蒲焼きだってこの通り」

# サムゲタン風おかゆ

材料（2人分）
手羽元…6本
米…1/2合
A
　水…3 1/2合
　塩…小さじ1/2
にんにく…2片
万能ねぎ（小口切り）…適量
粗びき黒こしょう…少々
ごま油…大さじ1

作り方
1 フライパンに油をひかずに手羽を入れ、全面に焼き目がつくまで焼く。
2 米は軽くとぎ、ざるに上げておく。
3 鍋に1、2、A、丸のままのにんにくを入れ、火にかける。煮立ったら弱火にし、ふたをして40分ほど炊く。
4 器に盛り、万能ねぎを散らしてこしょうをふり、ごま油をたらす。

「鶏一羽は大変だけれど、手羽だったら簡単にお家でサムゲタン！」

# 手羽南蛮そば

材料(2人分)
手羽先…6本
A
　だし汁…2 1/2カップ
　しょうゆ…1/4カップ
　みりん…1/4カップ
　砂糖…大さじ1
長ねぎ(5cm長さの細切り)
　…1/3本
しいたけ(薄切り)…2枚
三つ葉(ざく切り)…3本
そば…2玉

作り方
1 手羽先は先を関節から切り落とす(P.80参照)。
2 フライパンに油をひかずに1を入れ、全体に焼き目がつくまで焼く。
3 鍋に2とAを入れ、火にかける。煮立ったら弱火にし、20分ほど煮る。
4 3に長ねぎ、しいたけを加えてさっと煮、最後に三つ葉も加えて火を消す。
5 そばは沸騰した湯で袋の表示通りにゆで、冷水でしめてざるに上げる。
6 5を器に盛る。4の手羽は取り出して別の器に盛り、そばつゆと別盛りにする。好みで手羽に七味唐辛子をふる。

「 油をひかずに香ばしく焼いた手羽の皮のコクを、そばとともに 」

# 手羽煮込みうどん

## 材料（2人分）
手羽先…6本

**A**
- だし汁…4カップ
- みそ、赤みそ…各大さじ2
- しょうゆ…大さじ2
- みりん…大さじ2

**B**
- 大根（いちょう切り）…100g
- にんじん（いちょう切り）…50g

ゆでうどん…2玉
長ねぎ（斜め薄切り）…1/3本
かまぼこ（薄切り）…40g
卵…2個
万能ねぎ（小口切り）…適量

## 作り方
1. 手羽先は先を関節から切り落とす（P.80参照）。
2. フライパンに油をひかずに1を入れ、全体に焼き目がつくまで焼く。
3. 土鍋に2、A、Bを入れ、火にかける。煮立ったら弱火にし、30分ほど煮込む。
4. 3にうどんを加え、少し火を強めて5分ほど煮込み、長ねぎとかまぼこを加えて少々煮る。
5. 4に卵を割り入れ、ふたをして弱火にする。軽くふいてきたら火を止め、万能ねぎを散らす。

第3章 手羽 《ご飯と麺》

「手羽がさらにだしのうま味をプラスした、極上煮込みうどん」

# 手羽塩冷製ラーメン

材料(2人分)
手羽先…6本
A
  だし汁…4カップ
  塩…小さじ1
  みりん…大さじ2
中華生麺…2玉
白髪ねぎ…適量
すだち(薄切り)…1個
粗びき黒こしょう…少々

作り方
1 手羽先は先を関節から切り落とす(P.80参照)。
2 フライパンに油をひかずに1を入れ、全体に焼き目がつくまで焼く。
3 鍋に2とAを入れ、火にかける。煮立ったら弱火にし、20分ほど煮る。粗熱がとれるまでそのまま冷ます。
4 生麺は沸騰した湯で袋の表示通りにゆで、冷水でしめてざるに上げる。
5 丼に4を入れ、3を注ぐ。白髪ねぎとすだちを添え、こしょうをふる。

「 さっぱり冷製塩ラーメンに香ばしく焼いた手羽とすだちが好相性 」

# 第4章 鶏ひき肉

変幻自在に形を変えられるだけでなく、
煮る、焼く、揚げるなど
さまざまな調理法にも合う鶏ひき肉。
やさしい味わいとふっくらした食感を
生かした俺のひき肉メニュー、
片端から作ってみてほしい。

**笠原流 鶏ひき肉がおいしくなる法則**

### 1　こねて、まとめる

粘りを出すより、調味料類をしっかり肉に合わせ入れていくように練るのが大切。弾力が欲しいメニューはこねるように練り、その後、少し休ませるといい。火入れは低温から、じっくりと。いきなり高温で焼くと破裂したり、中まで火が通る前に焦げる原因にもなるので注意したい。

### 2　包む、挟む、詰める

野菜や皮に挟んだり、詰めたりするのが得意なひき肉。たねは手で粘りが出るまでよく混ぜること。挟んだり、詰めたりした後は、たねが焼き縮みしてずれたりはずれたりしないよう、しっかり挟んだ野菜などにたねをなでつけ一体化させること。火が通りにくい中央部は薄めに詰めるのもポイントだ。

### 3　炒める、煮る

炒めるときは、ある程度かたまりのまま焼いてからほぐし、ごろっとした肉らしい食感を出す方法もある。あるいは一粒一粒に火を入れるイメージで炒め、ぽろぽろにする場合も。煮るときは、水分の中でほぐしながら、うま味をスープにしみ込ませていくといい。

1 こねて、まとめる

2 包む、挟む、詰める

3 炒める、煮る

《こねて、まとめる》
## つくね とり将風

ふわっふわで、まろやか
これは俺が幼い頃から慣れ親しんできた味。
おろし玉ねぎを加えることでふんわりとし、
鶏ひき肉ならではのやさしい味わいに奥行きが出る。
混ぜるときはボウルの中で手をまわし、
空気を含ませるように。あとは弱火で静かにゆで、
ゆっくり火を通し、香ばしい焼き目をつけて
たれをからめる。これで完成だ。

材料（2人分）
鶏ひき肉…300g
おろし玉ねぎ…300g
A
: 溶き卵…1/2個分
: 砂糖、しょうゆ、
: コーンスターチ
:   …各大さじ1
: 塩…ひとつまみ
たれ（作りやすい分量）
: しょうゆ、みりん
:   …各180ml
: 砂糖…50g

## 1

鍋にたれの材料を入れ、火にかける。ひと煮したらそのまま冷ます。

＊残ったたれは密閉容器に入れ、冷蔵庫で5日間保存可。照り焼きのたれとして利用するとよい。

おろし玉ねぎはさらしに包み、しっかりと水けを絞る。

ボウルにひき肉、2、Aを入れる。

手をまわし、空気を含ませるようにして混ぜる。粘りが出るまで手でしっかり練り混ぜ、白っぽくなったらそのまま10分ほど休ませる。

鍋に湯を沸かし、弱火にする（鍋中の湯のまわりが少しチリチリしているくらい）。ひと口大にした4をスプーンですくい、静かに落とし入れる。4〜5分ゆで、浮いてきたらバットに取り出す。

5の粗熱が取れたら3個ずつ串に打つ。フライパンで焼くときにしっかり面が当たるよう、平らな面が上下にくるように打つ。

冷たいままのフライパンに6を並べ入れ、火にかける。両面に焼き目がついたら弱火にし、1を1/3量加える。

たれが煮立ってきたらフライパンをまわして全体にたれが行きわたるようにしながらからめる。上下を返し、同様にからめる（＊串が熱くなるのでトングなどを使うと返しやすい）。

完成！　皿に盛り、フライパンに残ったたれをかけ、好みで七味を添える。

# つくね棒

## 材料（2人分）

A
- 鶏ひき肉…300g
- 長ねぎ（みじん切り）…1/3本
- 大葉（みじん切り）…5枚
- 柚子皮（みじん切り）…1/4個
- 片栗粉…大さじ4
- みりん…大さじ1
- 塩、黒こしょう…各小さじ1/2

卵（卵白と卵黄に分ける）…1個
サラダ油…小さじ1

## 作り方

1. ボウルにAを入れ、卵白を加えて粘りが出るまでよく練る。
2. 割り箸に1のたね1/6量をまとわせるようにしてつけ、棒状に形作る。残りのたねも同様にし、全部で6本作る。
3. 冷たいフライパンに油をひき、2を並べ入れる。中火にかけ、5分ほどして焼き目がついたら返して（最初はあまりいじらないこと）弱火にし、ふたをしてさらに5分ほどじっくり焼く。
4. 器に3を盛り、卵黄を添える。

たねがやわらかいので、割り箸にまとわせるようにして棒状に形作る。

第4章 鶏ひき肉 《こねて、まとめる》

「あまりいじらずにしっかり香ばしい焼き目をつけること。卵黄をつけて」

# ひき肉おやき

材料(直径6cmのもの7枚分)
鶏ひき肉…150g
ご飯…150g(茶碗約1杯半)
卵…1個
万能ねぎ(小口切り)…5本
塩…ひとつまみ
ごま油…大さじ1
大根おろし…少々
しょうゆ…少々

作り方
1 ボウルにひき肉とご飯を入れ、手でご飯をつぶすようにして混ぜ合わせる。
2 1に卵を割り入れ、万能ねぎと塩も加えてさらに混ぜ合わせる。
3 冷たいフライパンにごま油をひき、スプーン1杯分の2のたねをのせて丸く形作る。中火にかけ、両面カリッと焼き目がつくまで焼く。
4 器に盛り、大根おろしとしょうゆを合わせたものを添える。

スプーンの背を使って形をととのえるときれいにまとまる。

「ひき肉に加えたご飯のおかげで、外はカリッと、中はふわっに完成」

# つくね10番勝負！

ほぼ同じ鶏ひき肉のたねを使い、
加える素材、からめるたれ、
添える調味料などを替えることで
10種のスペシャルつくねにアレンジ!!

## れんこんつくね

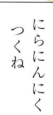

材料（作りやすい分量）
**基本のたね**
- 鶏ひき肉…200g
- 片栗粉…大さじ1
- 溶き卵…1/2個分
- 砂糖…小さじ1
- しょうゆ…小さじ1
- 塩…小さじ1/2

れんこん（みじん切り）…100g
サラダ油…大さじ1
A
- 酒、しょうゆ、みりん…各大さじ1

一味唐辛子…適量

作り方
1. ボウルに**基本のたね**とれんこんを入れ、混ぜ合わせる。
2. 冷たいフライパンに油をひき、1のたねを大さじ1ずつ小判型に落とし、中弱火で焼く。3分ほどして片面に焼き目がついたら返し、もう片面も3分ほど焼く。真ん中がふくらみ、指で押して弾力が出たら焼き上がり。
3. 2にAを加え、炒めからめる。器に盛り、一味唐辛子をふる。

## にらにんにくつくね

材料（作りやすい分量）
**基本のたね**
（左記れんこんつくね参照）…同量
A
- にら（みじん切り）…5本
- にんにく（みじん切り）…2片
- コチュジャン…大さじ1/2

サラダ油…大さじ1

作り方
ボウルに**基本のたね**の材料とAを入れ、混ぜ合わせる。れんこんつくねの2と同様に焼く。

## みょうが大葉つくね

材料(作りやすい分量)
**基本のたね**
(左記れんこんつくね参照)…同量
A
⋮ みょうが(みじん切り)…2個
⋮ 大葉(みじん切り)…10枚
サラダ油…大さじ1
塩…適量
わさび…適量

作り方
ボウルに基本のたねの材料とAを入れ、混ぜ合わせる。れんこんつくねの2と同様に焼き、最後に塩少々を両面にふって器に盛り、わさびを添える。

## きのこつくね

材料(作りやすい分量)
A
⋮ しめじ(みじん切り)…1パック
⋮ しいたけ(みじん切り)…4枚
サラダ油…大さじ2
塩…少々
**基本のたね**
(左記れんこんつくね参照)…同量
B
⋮ 酒、しょうゆ、みりん…各大さじ1
大根おろし、粉山椒…各適量

作り方
1 フライパンに油大さじ1を熱し、Aに塩をふってしんなりするまで炒め、冷ましておく。
2 ボウルに1と基本のたねの材料を入れ、混ぜ合わせる。
3 上記れんこんつくねの2と同様に焼き、Bを加え、炒めからめる。器に盛り、大根おろしと粉山椒を添える。

## ザーサイ中華つくね

材料（作りやすい分量）
**基本のたね**
（P.164 れんこんつくね参照）…同量
A
├ ザーサイ（みじん切り）…50g
├ 干し貝柱（水で戻してみじん切り）…10g
ごま油…大さじ1
練りがらし…適量

作り方
ボウルに基本のたねの材料とAを入れ、混ぜ合わせる。れんこんつくねの2と同様に焼き（油をごま油に替えて）、器に盛り、練りがらしを添える。

## えび・とうもろこしつくね

材料（作りやすい分量）
**基本のたね**
（P.164 れんこんつくね参照）…同量
A
├ ブラックタイガー（殻をむき、背ワタを取ってみじん切り）…6尾
├ とうもろこし（粗みじん切り）…1/2本
サラダ油…大さじ1
塩…少々
トマトケチャップ…適量

作り方
ボウルに基本のたねの材料とAを入れ、混ぜ合わせる。れんこんつくねの2と同様に焼き、仕上げに塩を両面にふって器に盛り、トマトケチャップを添える。

## 納豆磯辺つくね

材料（作りやすい分量）
**基本のたね**
（P.164 れんこんつくね参照）…同量
A
├ 納豆（粗みじん切り）…1パック
├ 長ねぎ（みじん切り）…1/3本
├ しょうゆ…適量
サラダ油…大さじ1
焼きのり…適量
練りがらし…適量

作り方
1 ボウルに基本のたねの材料とAを入れ、混ぜ合わせる。
2 冷たいフライパンに油をひく。1を大さじ1ずつのりにのせて巻き、巻き終わりを下にして並べ入れて、中弱火で3分ほど焼く。焼き目がついたら返し、もう片面も3分ほど焼く。真ん中がふくらみ、指で押して弾力が出たら焼き上がり。
3 器に盛り、練りがらしを添える。

第4章　鶏ひき肉《こねて、まとめる》

## 五平餅風つくね

材料（作りやすい分量）
**基本のたね**
（P.164 れんこんつくね参照）…同量
白いりごま…大さじ2
サラダ油…大さじ1
A
：みそ、砂糖、白すりごま…各大さじ2
：酒…大さじ4
：しょうゆ…大さじ1

作り方
ボウルに**基本のたね**の材料と白いりごまを入れ、混ぜ合わせる。れんこんつくねの2と同様に焼き、Aを加えて煮からめる。

## 甘栗レーズン

材料（作りやすい分量）
**基本のたね**
（P.164 れんこんつくね参照）…同量
A
：むき甘栗（粗みじん切り）…50g
：レーズン（粗みじん切り）…30g
：粗びき黒こしょう…少々
バター…10g
B
：酒、しょうゆ、みりん…各大さじ1
粗びき黒こしょう…適量

作り方
ボウルに**基本のたね**の材料とAを入れ、混ぜ合わせる。れんこんつくねの2と同様に焼き（油をバターに替えて）、Bを加えて炒めからめる。器に盛り、黒こしょうをふる。

## セロリ・長芋つくね

材料（作りやすい分量）
**基本のたね**
（P.164 れんこんつくね参照）…同量
A
：セロリ（粗みじん切り）…50g
：長芋（粗みじん切り）…50g
サラダ油…大さじ1
塩…少々
マヨネーズ…適量

作り方
ボウルに**基本のたね**の材料とAを入れ、混ぜ合わせる。れんこんつくねの2と同様に焼き、仕上げに塩を両面にふって器に盛り、マヨネーズを添える。

松風

材料（15.5×13.5×高さ4.5cmの型、1台分）
鶏ひき肉…300g
A
: 酒、しょうゆ、砂糖…各大さじ1
くるみ（いったもの）…50g
B
: 白みそ…大さじ1 1/2
: 砂糖、しょうゆ、みりん…各大さじ1
: 塩…ひとつまみ
: 卵…1個
レーズン…30g
けしの実…適量

作り方
1 鍋にひき肉半量とAを入れ、弱火にかける。へらで混ぜながら完全に火を入れ、そのまま冷ます。
2 すり鉢に残りのひき肉とくるみを入れ、めん棒ですりつぶす。なめらかになったらBを加え、さらにすりつぶし、なめらかにする。
3 2に1を加え、全体がなじむまですり混ぜる。
4 3にレーズンを加えてざっと混ぜ、型に詰める。表面を平らにならしてから空気を抜く。
5 4の全面にけしの実をふり、180℃に温めたオーブンで10分ほど焼く。すっかり冷めたら型からはずし、食べやすい大きさに切る。

＊ 型はなるべく底が抜けるもののほうが取り出しやすいのでおすすめ。ない場合は底にオーブンシートを敷いてから詰めること。

先に半量、火を通しておくと焼き縮みが少なくなる。あとですりつぶすのでここでは細かなそぼろ状にならなくても気にする必要なし。

調味料類を加え、さらになめらかになるまですりつぶす。

へらで表面を平らにならし、型をまな板の上に数回軽く落として空気を抜く。

「やさしい甘みとコク、クリーミーな舌触りは、鶏ひき肉の得意技。調味料とよく合わせ、なめらかになるまですりつぶすのがコツ」

## れんこん肉詰め

## 《包む、挟む、詰める》
## しいたけ肉詰め

第4章 鶏ひき肉 《包む、挟む、詰める》

鶏ひきと野菜の甘みを一体化させた
肉詰めや挟み焼き、揚げなど。
ひき肉の変幻自在ぶりを
よりいっそう発揮するメニューがずらり。

## れんこん肉詰め

材料（2人分）
**基本のたね**
- 鶏ひき肉…200g
- 酒、片栗粉…各大さじ1
- 砂糖…小さじ1
- おろししょうが…小さじ1/2
- 塩…小さじ1/2

れんこん…100g
片栗粉…適量
サラダ油…大さじ1
A
- 酒、しょうゆ、みりん…各大さじ2

白いりごま…少々
粉山椒…少々

1. ボウルに**基本のたね**を入れ、粘りが出るまでよく練る。
2. れんこんは皮をむき、沸騰した湯でさっとゆでてから5mm厚さの輪切りにする。
3. 2の両面に軽く片栗粉をまぶしつけ、余分な粉をはたく。小さめのへらで1のたねを適量、1枚のれんこんの上にのせる。もう1枚のれんこんをのせ、軽く押さえて中のたねを均一にする。まわりにはみ出したたねを指で整え、れんこんの穴にもしっかりたねが入るようにさらにぐっとれんこんを両方から押さえる。
4. フライパンに油を熱し、3を並べ入れる。中火で両面合わせて10分ほど焼き、こんがり焼き目がついて中のたねに火が通ったらペーパータオルで余分な油をふき取る。Aを加え、れんこんに炒めからめる。
5. 半分に切って器に盛り、白ごまと粉山椒をふる。

作り方

粘りが出て白っぽくなるまで空気を含ませながら練る。こうすることでふんわりした食感になる。

穴の中にもしっかりたねが入るように、2枚のれんこんをギュッと押さえる。さらに、まわりにはみ出したたねを指でなじませ、たねを糊代わりにして2枚をしっかりくっつける。

## しいたけ肉詰め

材料（2人分）
**基本のたね**
（上記れんこん肉詰め参照）…同量
しいたけ…10枚
片栗粉…適量
サラダ油…大さじ1
塩…少々
酒…大さじ1
A
- 大根おろし…適量
- レモン（半月切り）…1/4個
- しょうゆ…適量

作り方
1. ボウルに**基本のたね**の材料を入れ、粘りが出るまでよく練る。
2. しいたけは軸を取り、かさの裏側に片栗粉をまぶしつける。小さめのへらでかさの裏側にぎっしりたねを詰める。
3. フライパンに油を熱し、2を肉の部分を下にして並べ入れる。中火で両面合わせて10分ほど焼く（途中、返したら塩をふる）。両面こんがり焼き目がついたら酒をふり入れる。弱火にしてふたをし、2分ほど蒸し焼きにする。
4. 器に盛り、Aを添える。

ひき肉は焼き縮みするので、上がこんもりするように中までぎっしり詰める。かさのまわりにもへらでたねをしっかりなでつけ、焼いたときに肉だけはずれないように一体化させる。

## なすの挟み揚げ

材料（2人分）
**基本のたね**
（P.171 れんこん肉詰め参照）
　…1/2量（調味料もすべて）
なす…2本
片栗粉…適量
A
　片栗粉…大さじ5
　水…大さじ3
揚げ油…適量
B
　だし汁…1カップ
　しょうゆ…大さじ2 2/3
　みりん…大さじ2 2/3
練りがらし…適量

作り方
1　ボウルに**基本のたね**の材料を入れ、粘りが出るまでよく練る。
2　なすはヘタを取り、縦半分に切る。皮目に斜めの細かな切り目を入れ、両面に片栗粉をまぶしつける。1枚のなすに1のたねを適量のせ、もう1枚で挟む。
3　2の全体に軽く片栗粉をまぶしつけ、合わせたAにくぐらせる。
4　170℃の揚げ油に3をそっと入れ、転がしながら4〜5分揚げる。
5　4をひと口大に切って器に盛り、合わせたBと練りがらしを添える。

1枚のなすに少し多めにたねをのせ、もう1枚でギュッと押さえ、たねが均一になるように挟む。はみ出したたねを糊代わりにし、指でなぞって整えながらたねとなすをしっかり一体化させる。

## 大葉の包み揚げ

材料（2人分）
**基本のたね**（P.171 れんこん
　肉詰め参照）…同量
大葉…10枚
薄力粉…適量
A
　卵黄…1個分
　薄力粉…50g
　水…3/4カップ
揚げ油…適量
B
　塩…少々
　すだち（半分に切る）…1個

作り方
1　ボウルに**基本のたね**の材料を入れ、粘りが出るまでよく練る。
2　大葉はペーパータオルで水けをふき、軸を落とす。葉を裏側にし、真ん中に1のたねを適量のせる。半分に折りたたみ、たねを包む。
3　2の全体に軽く薄力粉をまぶしつけ、合わせたAにくぐらせる。
4　170℃の揚げ油に3をそっと入れ、3〜4分揚げる。
5　器に盛り、Bを添える。

真ん中にたねをのせて、大葉をくるっと巻くだけ。葉の表側が外にくるように包むと美しく仕上がる。

「油を吸ったなすの弾力と大葉のサクサク感がひき肉のふわふわ感を引き立てる」

なすの挟み揚げ

大葉の包み揚げ

# ごぼうの肉詰め煮

### 材料（2人分）
- 基本のたね（P.171 れんこん肉詰め参照）…同量
- ごぼう（太）…200g
- こんにゃく…100g
- 片栗粉…適量
- ゆで卵…2個
- A
  - だし汁…4カップ
  - 薄口しょうゆ…1/4カップ
  - みりん…1/4カップ

### 作り方
1. ボウルに基本のたねの材料を入れ、粘りが出るまでよく練る。
2. ごぼうは5cm長さに切り、水からやわらかくなるまでゆでる。ざるに上げ、ひとつずつ芯の部分を金串で刺して一周し、芯をくりぬく。くりぬいたごぼうの内側に指で片栗粉をまぶしつけ、1のたねを適量ギュッと詰める。
3. こんにゃくは三角形に切り、沸騰した湯で下ゆでする。
4. 鍋にAを入れ、2、くりぬいたごぼうの芯、3、殻をむいたゆで卵を入れ、火にかける。煮立ったら弱火にし、落としぶたをして15分ほど煮る。火を止め、そのまま冷まして味を含ませる。
5. 器に4を盛り、あれば木の芽をあしらう。

金串を刺して芯の部分をなぞるようにぐるりと一周し、そっと押し出し、芯を抜く。

第4章 鶏ひき肉《包む、挟む、詰める》

「滋味溢れるごぼうのうま味にひき肉のコクを加えたバランス煮」

# ゴーヤーの肉詰め焼き

材料（2人分）
- 基本のたね（P.171 れんこん肉詰め参照）…同量
- ゴーヤー…1本
- 片栗粉…適量
- サラダ油…大さじ1
- A
  - 酒…大さじ2
  - しょうゆ…大さじ2
  - みりん…大さじ2
- 塩、粗びき黒こしょう…各少々

作り方
1. ボウルに基本のたねの材料を入れ、粘りが出るまでよく練る。
2. ゴーヤーは縦半分に切って種とワタを取り除き、塩を加えた湯でさっとゆでる。ペーパータオルで水けをふき取り、内側に薄く片栗粉をまぶす。
3. 2に1をしっかりとすき間なく、こんもりと詰める。
4. フライパンに油を熱し、3の肉面を下にして並べ、中火で焼く。焼き目がついたら返し、弱火で10分ほどゴーヤー面を焼く。全体に火が通ったら合わせたAを加え、炒めからめる。
5. ひと口大に切って器に盛り、黒こしょうをふる。

ゴーヤーのくりぬいた部分全体に、たねをしっかりすき間なく詰める。真ん中はこんもり盛り上がるようにする。また、ゴーヤーとたねの間はへらでなじませ、一体化させる。

「 ゴーヤーの苦味とひき肉の甘みを、照り焼き味で包み込む 」

# トマト肉詰め、チーズ焼き

### 材料（2人分）
**基本のたね**
　（P.171 れんこん肉詰め参照）
　　…同量
トマト…4個
片栗粉…適量
溶けるチーズ…50g
粗びき黒こしょう…少々

### 作り方
1　ボウルに基本のたねの材料を入れ、粘りが出るまでよく練る。
2　トマトはヘタを取り、上部を少し切って中をくりぬく。中面に薄く片栗粉をまぶしつけ、1を1/8量詰める。溶けるチーズを1/8量のせ、さらに残りの1を1/4量ずつギュッと詰める。残りのトマト3個も同様に作る。
3　200℃に温めたオーブンで2を20分ほど焼く。残りのチーズを4等分して上にのせ、さらに5分焼いてから黒こしょうをふる。

＊　トマトをくりぬいた中身はソースにしたり、煮込み料理に加えたりして使うとよい。

ひき肉は焼き縮みするので、ギュッとたっぷり詰めること。

「ジューシーなトマトの中に、ひき肉のふわふわとチーズのとろり層が！」

材料（2人分）
**基本のたね**
　（P.171 れんこん肉詰め参照）
　…同量
8枚切り食パン…4枚
片栗粉…適量
揚げ油…適量
A
　レモン（半月切り）…1/4個
　トマトケチャップ…少々

作り方
1 ボウルに**基本のたね**の材料を入れ、よく練る。
2 食パンは四方のみみ部分を切り落とし、片面に軽く片栗粉をまぶしつける。
3 2の片栗粉をまぶした面に1のたねを適量のせる。四方にまんべんなくたねがくるようにし、真ん中は火が通りにくいので少し薄めにのせる。たねをのせた面を上にし、もう1枚で挟む。これをもう1組作る。
4 3を耐熱の器に入れ、軽くラップをかける。蒸気の上がった蒸し器に入れ、5分ほど蒸す。
5 170℃の揚げ油に4をそっと入れ、両面こんがりきつね色になるまで2〜3分揚げる。ペーパータオルで両面をサンドし、しっかりと油をきる。
6 ひと口大に切って器に盛り、Aを添える。

＊ 蒸した状態でぴったりラップをかけ、ジッパー付きビニール袋に入れておけば冷凍保存も可。食べるときに揚げればよい。

# パン挟み揚げ

「噛みしめるたびに広がる、甘くやさしいひき肉とサクッとしたパンの味わい」

# 和風ロールキャベツ

第4章 鶏ひき肉《包む、挟む、詰める》

材料(2人分)

鶏ひき肉…300g

A
: 溶き卵…1/2個
: しょうゆ…大さじ1
: 砂糖…大さじ1
: 片栗粉…大さじ1
: 長ねぎ(みじん切り)…1/3本
: みょうが(みじん切り)…1個
: 大葉(みじん切り)…5枚

キャベツの葉…4枚

B
: だし汁…4カップ
: 薄口しょうゆ…大さじ2
: みりん…大さじ2

水溶き片栗粉…大さじ2
白髪ねぎ…適量
練りがらし…少々

作り方

1 ボウルにひき肉とAを入れ、空気を含ませながら粘りが出るまでよく練る。4等分し、軽く丸める。
2 キャベツは沸騰した湯でさっとゆでる。ペーパータオルで水けをふき取って広げ、1の1/4量を真ん中より少し手前にのせる。キャベツの手前を折ってから両脇を折りたたみ、くるっときつめに巻く。残りの3個も同様に作る。
3 鍋に2を並べ入れ、Bを加えて中火にかける。煮立ったら弱火にし、落としぶたをして15分ほど煮る。
4 ロールキャベツのみ、取り出して器に盛る。残りの煮汁をひと煮し、水溶き片栗粉でとろみをつけてロールキャベツにまわしかける。白髪ねぎと、あれば木の芽をあしらい、練りがらしを添える。

キャベツの真ん中より少し手前にたねをのせる。手前を折ってから両脇を折りたたみ、すき間なく、ギュッときつめに巻く。

「 だしと薄口しょうゆで炊いたあっさりロールキャベツ。ひき肉に加えた長ねぎ、みょうが、大葉の味わいが効いてる。練りがらしをつけて 」

## 《炒める、煮る》 なすのそぼろ煮

しっかり焼き目をつけてからほぐす、
肉感たっぷりの炒めものと
ふんわりしたひき肉の食感を生かした
煮ものいろいろ。

材料（2人分）
鶏ひき肉…100g
なす（1cm厚さの輪切り）…2本
サラダ油…大さじ2
A
　酒…大さじ2
　しょうゆ…大さじ1 1/2
　みりん…大さじ1
　砂糖…小さじ1
万能ねぎ（小口切り）…適量
一味唐辛子…少々

作り方
1 フライパンに油を熱し、なすを中火で焼く。両面に焼き目がつき、火が通ったらいったん取り出す。
2 1のフライパンにひき肉を広げて入れる。初めはいじらず、両面に焼き目がついたらほぐし、ざっと炒める。
3 2に1のなすを戻し入れ、Aを加えて汁けがなくなるまで炒め、からめる。
4 器に盛り、万能ねぎを散らして一味唐辛子をふる。

まずはひき肉を広げ、そのまま焼き目をつけるように焼く。それからへらでほぐすとぼろぼろになりすぎず、肉感がアップする。

# 里芋のそぼろあん

材料(2人分)
鶏ひき肉…100g
里芋…6個
A
　だし汁…3カップ
　しょうゆ…大さじ2
　みりん…大さじ2
　砂糖…大さじ1
水溶き片栗粉…大さじ2
三つ葉(小口切り)…適量

作り方
1 里芋は皮をむき、大きければひと口大に切る。鍋に里芋とかぶるくらいの水を入れ、火にかける。沸いたら弱火にし、5分ほどゆでる。水にさらし、ぬめりを取る。
2 鍋にAと水けをきった1を入れ、火にかける。煮立ったら弱火にし、里芋がやわらかくなるまで煮る。
3 別の鍋に2の煮汁の半量を移し入れ、ひき肉を加え、ほぐしながら煮る。出てきたアクはすくう。ひき肉に火が通ったら水溶き片栗粉を加えてとろみをつける。
4 器に2を入れ、3をかけて三つ葉を散らす。

第4章　鶏ひき肉　《炒める、煮る》

「ねっとり炊き上げた里芋に、ふわふわのそぼろあんをまとわせて」

# ふろふき大根、そぼろみそ

### 材料（2人分）
- 鶏ひき肉…100g
- 大根（大）…1/3本（約400g）
- A
  - 水…5カップ
  - だし昆布…5cm角1枚
  - うす口しょうゆ…大さじ2
  - みりん…大さじ2
- B
  - みそ…大さじ2
  - 砂糖…大さじ2
- 水溶き片栗粉…大さじ1
- 万能ねぎ（小口切り）…適量
- 柚子皮（みじん切り）…適量

### 作り方
1. 大根は皮をむき、2cm厚さの輪切りにしてから半分に切る。鍋に大根とかぶるくらいの水を入れ、大根にすっと串が通るくらいまでやわらかく下ゆでする。
2. 別の鍋に水けをきった大根とAを入れ、火にかける。20分ほど煮、そのまま冷ます。
3. 小鍋に2の煮汁1カップを移し入れ、ひき肉を加えてほぐしながら煮る。出てきたアクはすくう。Bを加えて味付けし、水溶き片栗粉でとろみをつける。
4. 器に2を盛り、3をかけて万能ねぎと柚子皮を散らす。

煮汁にひき肉を加えてへらでほぐし、細かなそぼろにして煮、なめらかなそぼろあんを作る。

「まず大根を煮て、その煮汁でそぼろあんを作るから味が一体化する」

## そぼろのひじき煮

**材料（作りやすい分量）**
- 鶏ひき肉…100g
- ひじき（乾燥）…30g
- にんじん（やや太めの細切り）…30g
- 油揚げ（細切り）…1枚
- ごま油…大さじ2
- A
  - 水…1 1/2カップ
  - しょうゆ…大さじ2
  - 砂糖…大さじ1 1/2

**作り方**
1. ひじきはぬるま湯に30分ほどつけ、もどす。水を替え、さらに半日ほどおき、水けをきる。
2. フライパンにごま油を熱し、1を炒める。油がなじんだらひき肉、にんじん、油揚げを加え、ほぐしながら炒め合わせる。
3. Aを加え、汁けがなくなるまで強火で炒め煮にする。

＊密閉容器に入れ、冷蔵庫で5日間保存可。

## そぼろ切り干し大根

**材料（作りやすい分量）**
- 鶏ひき肉…100g
- 切り干し大根…60g
- サラダ油…大さじ1
- A
  - しいたけ（薄切り）…2枚
  - いんげん（3等分の長さに切る）…10本
- B
  - 水…1 1/2カップ
  - しょうゆ…大さじ2
  - みりん…大さじ2
  - 砂糖…小さじ1

# そぼろきんぴら

### 作り方
1. 切り干し大根はたっぷりの水でもみ洗いし、汚れを落とす。20分ほど水につけてもどし、しっかり水けを絞る。
2. フライパンに油を熱し、ひき肉を炒める。ぽろぽろになり、火が通ったら1とAを加えて炒める。油がなじんだらBを加え、汁けがほぼなくなるまで煮含める。

＊ 密閉容器に入れ、冷蔵庫で5日間保存可。

### 材料（作りやすい分量）
鶏ひき肉…100g
A
　ごぼう（ささがき）…100g
　にんじん（やや太めの細切り）…50g
　れんこん（薄い半月切り）…50g
ごま油…大さじ1
B
　酒…大さじ3
　しょうゆ…大さじ2
　砂糖…大さじ1
白いりごま…大さじ1
一味唐辛子…少々

### 作り方
1. フライパンにごま油を熱し、ひき肉を炒める。ぽろぽろになり、火が通ったらAを加え、しんなりするまで炒め合わせる。
2. 1にBを加え、汁けがほぼなくなるまで炒めからめる、白ごまと一味唐辛子をふる。

＊ 密閉容器に入れ、冷蔵庫で5日間保存可。

「作っておくと何かと便利なそぼろの常備菜、俺的ベスト3」

## かぶそぼろ炒め

材料（2人分）
- 鶏ひき肉…100g
- かぶ（中）（皮をむき、4等分のくし形切り）…3個
- かぶの葉（小口切り）…適量
- サラダ油…大さじ1
- A
  - 酒…大さじ2
  - しょうゆ…大さじ1 1/2
  - みりん…大さじ1
  - 砂糖…小さじ1
- 粗びき黒こしょう…少々

作り方
1. フライパンに油を熱し、かぶを焼く。両面に焼き目がついたらいったん取り出す。
2. 1のフライパンにひき肉を広げて入れる。初めはいじらず、両面に焼き目がついたらほぐし、ざっと炒める。途中、かぶの葉も加え、いっしょに炒め合わせる。
3. 2に1のかぶを戻し入れ、Aを加えて汁けがなくなるまで炒めからめる。
4. 器に盛り、黒こしょうをふる。

「しっかり焼き目をつけたかぶと香ばしく炒めたそぼろはご飯によく合う」

## そぼろたくあん炒め

材料（作りやすい分量）
鶏ひき肉…100g
たくあん（5mm幅の半月切り）…150g
サラダ油…大さじ1
A
　酒…大さじ1
　しょうゆ…大さじ1
　みりん…大さじ1
白いりごま…適量
一味唐辛子…少々

作り方
1　フライパンに油を熱し、たくあんを炒める。油がなじんだらひき肉を広げ入れる。初めはいじらず、両面に焼き目がついたらほぐし、ざっと炒める。
2　1にAを加え、汁けがなくなるまで炒めからめる。
3　器に盛り、白ごまと一味唐辛子をふる。

## そぼろ豆苗炒め

材料（作りやすい分量）
鶏ひき肉…100g
豆苗（5cm長さに切る）…2パック
にんにく（薄切り）…1片
サラダ油…大さじ1
A
　酒…大さじ2
　しょうゆ…大さじ1 1/2
　みりん…大さじ1
　砂糖…小さじ1
粗びき黒こしょう…少々

作り方
1　フライパンに油を熱し、ひき肉を広げて入れる。初めはいじらず、両面に焼き目がついたらほぐし、ざっと炒める。
2　1に豆苗とにんにくを加え、炒め合わせる。豆苗が鮮やかな緑色になり、しんなりしたらAを加え、汁けがなくなるまで炒めからめる。
3　器に盛り、黒こしょうをふる。

「たくあんのうま味がそぼろに染み込む、染み込む。にんにくと豆苗に鶏ひき肉でヘルシーにボリュームアップ」

# 鶏ひき肉の白麻婆豆腐

材料（2人分）
- 鶏ひき肉…100g
- 長ねぎ（みじん切り）…1/2本
- サラダ油…大さじ1
- 塩…少々
- A
  - だし汁…1 1/2カップ
  - 薄口しょうゆ…大さじ2
  - みりん…大さじ1 1/2
  - 柚子こしょう…小さじ1/2
- 木綿豆腐（2cm角に切る）…300g
- 水溶き片栗粉…大さじ2
- 三つ葉（ざく切り）…適量

作り方
1. フライパンに油を熱し、ひき肉と長ねぎを入れて塩をふり、炒め合わせる。ひき肉が白くなり、火が通ったらAを加え、ひと煮する。
2. 豆腐は沸騰した湯で、さっとゆでる。
3. 1に2を加えてさっと煮、水溶き片栗粉を加えてとろみをつける。
4. 器に盛り、三つ葉を散らす。

「麻婆豆腐が食べたい！ でもやさしい味のものを、というときはこちらを！」

# そぼろ煮こごり

材料（15.5×13.5×高さ4.5cmの型、1台分）
鶏ひき肉…200g
A
　だし汁…2カップ
　しょうゆ…大さじ2
　みりん…大さじ2
　砂糖…小さじ1
しいたけ（みじん切り）…2枚
しょうが（みじん切り）…1かけ
万能ねぎ（小口切り）…5本
板ゼラチン（水でふやかす）
　　…3枚（約4.5g）

作り方
1. 鍋にひき肉とA、しいたけ、しょうがを入れ、火にかける。ひき肉をほぐしながら煮、出てきたアクはすくう。肉に火が通ったら火を止め、ゼラチンを加えて煮溶かす。
2. 万能ねぎを加え、ざっと合わせてから型に入れ、冷蔵庫で冷やし固める。
3. ひと口大に切り、器に盛る。炊き立てのご飯にのせても。

「炊きたてご飯にのせてゼラチンをホロリと溶かしながら食べるのが最高」

鶏そぼろ
しょうゆ味

第4章 鶏ひき肉《炒める、煮る》

# 鶏そぼろ 塩味

## 鶏そぼろ しょうゆ味

材料(作りやすい分量)
鶏ひき肉…200g
玉ねぎ(みじん切り)…1/2個
サラダ油…大さじ1
A
  酒…大さじ2
  砂糖…大さじ2
  しょうゆ…大さじ3

作り方
1 フライパンに油を熱し、玉ねぎを炒める。しんなりしていい香りがしてきたらひき肉を加え、ほぐしながら炒め合わせる。
2 ひき肉がほぐれ、火が通ったらAを加えて汁けがなくなるまで炒め煮にする。

## 鶏そぼろ 塩味

材料(作りやすい分量)
鶏ひき肉…200g
長ねぎ(みじん切り)…1本
ごま油…大さじ1
A
  塩、黒こしょう…各小さじ1/2
  みりん…大さじ1

作り方
1 フライパンにごま油を熱し、ねぎを炒める。しんなりしていい香りがしてきたらひき肉を加え、ほぐしながら炒め合わせる。
2 ひき肉がほぐれ、火が通ったらAを加えて汁けがなくなるまで炒め煮にする。

＊ しょうゆ味、塩味とも密閉容器に入れ、冷蔵庫で5日間保存可。

「 作っておくと便利なそぼろ2種。しょうゆ味には玉ねぎを、塩味には長ねぎを加えるのが俺の定番 」

# 鶏そぼろ使い

かけるだけ、和えるだけでできる、ありがたい一品、いろいろ。

## しょうゆそぼろ焼きうどん

材料（2〜3人分）
うどん（生麺）…2玉
鶏そぼろ しょうゆ味（P.190）…100g
A
　酒…大さじ2
　オイスターソース…大さじ1
ピーマン…2個
しいたけ…2枚
もやし…50g
サラダ油…大さじ1
一味唐辛子…少々

作り方
1 ピーマンはへたと種を取ってせん切り、しいたけは石づきを落として薄切りにする。鶏そぼろとAは合わせておく。
2 フライパンに油を熱し、ピーマン、しいたけ、もやしを炒める。しんなりしたらうどんを加え、ほぐしながら炒める。うどんがほぐれたら1の鶏そぼろを加え、炒め合わせる。
3 器に盛り、一味唐辛子をふる。

## 塩そぼろポテサラ

材料（2〜3人分）
鶏そぼろ 塩味（P.191）…100g
じゃがいも…2個
きゅうり…1本
塩、黒こしょう…各適量
A
　マヨネーズ…大さじ2
　砂糖…小さじ1
　酢…小さじ1

作り方
1 鍋によく洗った皮つきのじゃがいもとかぶるくらいの水、塩少々を入れ、火にかける。沸いてきたら弱火にし、すっと串が通るまでゆでる。皮をむき、一口大に切る。
2 きゅうりは薄切りにして塩少々を加えてもむ。出てきた水けはしっかり絞る。
3 ボウルに1、2、鶏そぼろ、Aを入れ、ざっと混ぜ合わせる。器に盛り、こしょうをふる。

## しょうゆそぼろ奴

材料（2人分）
鶏そぼろ しょうゆ味（P.190）…100g
ゆで卵…1個
トマト…1/2個
貝割れ菜…1/3パック
絹ごし豆腐…300g
A
　しょうゆ…大さじ1/2
　酢…大さじ1
　サラダ油…大さじ2
白いりごま…少々

作り方
1 ゆで卵は殻をむき、粗みじん切りにする。トマトはへたを取り、1cm角に切る。貝割れ菜は根元を切り落とす。
2 豆腐は水けをきって半分に切り、器に盛る。鶏そぼろをのせ、ゆで卵、トマト、貝割れ菜を彩りよく盛り合わせる。最後に混ぜ合わせたAをまわしかけ、ごまをふる。

## 塩そぼろのかき揚げ

材料（2～3人分）
鶏そぼろ 塩味（P.191）…100g
三つ葉…1/3わ
にんじん…1/3本
れんこん…100g
薄力粉…50g
溶き卵…1個分
水…大さじ2
揚げ油…適量

作り方
1 三つ葉は3cm長さに切る。にんじんはせん切り、れんこんは薄切りにしてからいちょう切りにする。
2 ボウルに1と鶏そぼろを入れてざっと合わせ、薄力粉の半量を加え混ぜる。溶き卵と水を加え混ぜ、残りの薄力粉を様子を見ながら加える（揚げ油の中にある程度まとまった状態で落とせるくらいもったりするまで）。
3 170℃の揚げ油に2をしゃもじなどですくってかたどりながらそっと落とす。からりときつね色になるまであまり動かさずに3～4分揚げる。
4 器に盛り、あれば半分に切ったすだちを添える。

# ごぼう入り肉みそ

### 材料(作りやすい分量)
鶏ひき肉…200g
A
　酒…1/2カップ
　砂糖…1カップ強
　みそ…1カップ
　卵黄…3個分
ごぼう…2/3本
サラダ油…大さじ1
白いりごま…大さじ3

### 作り方
1. ボウルにAを入れ、混ぜ合わせる。ごぼうはよく洗い、みじん切りにする。
2. フライパンに油を熱し、ごぼうを炒める。油がまわってきたらひき肉を加え、ほぐしながら炒め合わせる。
3. ごぼうに火が通り、ひき肉がほぐれたらAを加える。弱火で5分ほど常に木べらで混ぜながら焦がさないように火を通す。ぽってりして元のみそより少しやわらかいくらいになったら火を止める。
4. ごまを加え混ぜ、粗熱が取れるまでそのまま冷ます。

＊ 密閉容器に入れ、冷蔵庫で1週間保存可。

「みじん切りにしたごぼうの食感とひき肉のリズム感がおいしい常備菜」

## 肉みそアボカド

材料（2〜3人分）
肉みそ（P.194参照）…50g
アボカド…1個
バター…20g
万能ねぎ（小口切り）…適量
黒こしょう…少々

作り方
1 アボカドは種と皮を取り、ひと口大に切る。
2 フライパンにバターを熱し、溶けてきたところで1を加えて焼く。焼き目がついたら肉みそを加えて炒め合わせる。
3 器に盛り、万能ねぎを散らしてこしょうをふる。

## 肉みそ焼きおにぎり

材料（2〜3人分）
肉みそ（P.194参照）…50g
温かいご飯…茶碗2杯
青じそ（せん切り）…5枚

作り方
1 青じそとご飯を混ぜ合わせる。
2 おにぎりを握り、表面に肉みそをぬる。
3 オーブントースターでみそに焼き目がつくまで焼く。

「肉みそさえあれば、アボカドとさっと炒め合わせるのみで一品、おにぎりにぬれば贅沢焼きおにぎりとなる」

## 《Special》 和風ドライカレー

鶏ひき肉だからドライカレーも
メンチカツもハンバーグも
肉だんごもやさしくて上品な
味わいに仕上がる。

材料（2～3人分）
鶏ひき肉…200g
A
　玉ねぎ（みじん切り）…1/2個
　にんじん（みじん切り）…50g
　ピーマン（みじん切り）…2個
　セロリ（みじん切り）…50g
塩…ひとつまみ
サラダ油…大さじ1

B
　酒…大さじ2
　砂糖…大さじ1
　しょうゆ…大さじ1
　みそ…大さじ1
　カレー粉…大さじ1 1/2
　粉山椒…少々
ご飯…茶碗3杯
万能ねぎ（小口切り）…適量

作り方
1 Aに塩をふる。
2 フライパンに油を熱し、1を炒める。いい香りがしてしんなりしてきたらひき肉を加え、ほぐしながら炒める。
3 ひき肉がほぐれて火が通ったらBを加え、炒め合わせる。
4 皿にそれぞれご飯を盛り、3をかけて万能ねぎをのせる。あれば福神漬を添える。

「おいしさの秘密は、みじん切りした香味野菜とカレー粉と粉山椒」

# 和風メンチカツ

材料（2〜3人分）
鶏ひき肉…300g
A
 長ねぎ（みじん切り）…1/3本
 みょうが（みじん切り）…1個
 青じそ（みじん切り）…5枚
B
 溶き卵…1/2個分
 砂糖…大さじ1
 しょうゆ…大さじ1
 片栗粉…大さじ1
 黒こしょう…小さじ1/2
溶き卵…1/2個分
薄力粉、パン粉…各適量
揚げ油…適量
キャベツ（せん切り）…適量

作り方
1. ボウルにひき肉、A、Bを入れ、粘りが出るまでよく練り合わせる。
2. 1を2〜3等分の小判形にまとめ、ひとつずつ薄力粉、溶き卵、パン粉を順につける。
3. 160℃の揚げ油で2を5〜6分、からりときつね色になるまで揚げる。一度取り出し、170℃の揚げ油でさらに2分ほど揚げる。
4. キャベツとともに皿に盛り合わせる。あれば練りがらしとレモンを添え、好みで塩またはソースをかけて食べる。

「 長ねぎ、みょうが、青じその薬味野菜がたっぷり入ったあっさり系 」

## ハンバーグ 照り焼き仕立て

材料（2人分）
鶏ひき肉…300g
おろし玉ねぎ…300g
A
　溶き卵…1/2個分
　しょうゆ…大さじ1
　砂糖…大さじ1
　片栗粉…大さじ1
サラダ油…大さじ1
B
　酒…1/4カップ
　みりん…1/4カップ
　しょうゆ…大さじ1 1/3
大根おろし…適量

作り方
1. おろし玉ねぎはさらしに包み、しっかり水けを絞る。
2. ボウルに1、ひき肉、Aを入れ、粘りが出るまでよく練り合わせる。手に油少々（分量外）をぬり、半量をぽってりとした小判形にまとめる。残りも同様にする。
3. フライパンに油を熱し、2を弱火で焼く。片面4〜5分焼き、返してからふたをして同様に4〜5分焼いて中まで火を通す。中火にし、両面にカリッとした焼き目をつける。
4. 3の余分な脂をペーパータオルでふき取り、Bを加えて煮からめる。
5. 皿に4を盛り、大根おろしをのせる。あればクレソンを添える。

「鶏ひきだからジューシーなのにあっさり。ふわふわ感も味わって欲しい」

# 肉だんごの甘酢あん仕立て

材料（2～3人分）
鶏ひき肉…300g
おろし玉ねぎ…300g
A
　溶き卵…1/2個分
　しょうゆ…大さじ1
　砂糖…大さじ1
　片栗粉…大さじ1
揚げ油…適量
B
　だし汁…1 1/2カップ
　みりん…大さじ2
　しょうゆ…大さじ1 1/2
　トマトケチャップ…大さじ1 1/2
　酢…大さじ1
水溶き片栗粉…適量

作り方
1 おろし玉ねぎはさらしに包み、しっかり水けを絞る。
2 ボウルに1、ひき肉、Aを入れ、粘りが出るまでよく練り合わせる。
3 2をひと口大にスプーンで丸め、160℃の揚げ油で3～4分揚げる。
4 鍋にBを合わせ入れ、ひと煮する。水溶き片栗粉でとろみをつけ、3を加えて2～3分煮る。
5 器に盛り、あれば食べやすい大きさにちぎったレタスを添える。

「素揚げしてうま味をとじ込めた肉だんごにたっぷり甘酢あんをからめて」

## 肉そぼろとさつまいもの炊き込みご飯

材料（2〜3人分）
鶏ひき肉…100g
さつまいも
　（皮つきのまま1cm角に切る）…150g
米…2合
A
　水…1 1/2カップ
　酒…大さじ2
　薄口しょうゆ…大さじ2
　だし昆布…5cm角1枚
白いりごま…少々

作り方
1　ひき肉は沸騰した湯でさっとゆで、ざるに上げる。米はとぎ、ざるに上げる。
2　炊飯器に1、さつまいも、Aを入れ、炊飯器の基準に合わせて水加減をして炊く。炊き上がったら白ごまをふる。

「さつまいものホクホクにそぼろのジューシーを合わせた秋のお楽しみご飯」

# 肉三つ葉厚焼き卵

材料（2人分）
鶏ひき肉…100g
A
　酒…大さじ1
　砂糖…大さじ1
　しょうゆ…大さじ2
卵…3個
三つ葉（刻む）…5本
水…大さじ2
サラダ油…大さじ1
大根おろし…各適量
しょうゆ…各適量

作り方
1. フライパンに油をひかずにひき肉を入れ、炒める。白っぽくなってきたらAを加え、ほとんど汁けがなくなるまで炒め煮にする。
2. ボウルに卵を割り入れ、1と三つ葉、分量の水を加えて混ぜ合わせる。
3. 卵焼き器を熱し、油を半量ひいてなじませる。2を1/3量流し入れ、薄く全体に広げる。まわりがチリチリして乾いてきたら奥から手前に向かい、菜箸を使って半分に折りたたむ。あいた部分に残りの油を薄くひき、残りの卵液の半量を流し入れる（焼いた卵の下にも）。再びまわりがチリチリして乾いてきたら今度は手前から奥に向かって折りたたむ。最後に残りの卵液を流し入れ、奥から手前に向かって折りたたむ。
4. 食べやすい大きさに切って器に盛り、しょうゆをかけた大根おろしを添える。

「しっかり味をつけて炒めたひき肉のおいしさが卵にじんわり」

# 京風白みそミートソース

### 材料（2人分）
- 鶏ひき肉…200g
- 竹の子の水煮（1cm角に切る）…100g
- 玉ねぎ（みじん切り）…1/4個
- サラダ油…大さじ2
- 塩、粗びき黒こしょう…各適量
- 白ワイン…1/2カップ
- A
  - 白みそ…80g
  - 酒…大さじ1
  - しょうゆ…大さじ1
- 粉山椒…適量
- スパゲッティ…160g
- バター…10g

### 作り方
1. フライパンに油を熱し、竹の子と玉ねぎを入れ、塩少々をふって炒める。玉ねぎがすき通っていい香りがしてきたらひき肉を加え、焼き目をつけるように炒め、塩、黒こしょうをふる。
2. 1に白ワインを加え、ひと煮立ちしたらAを加える。煮立ったら弱火にし、20分ほど煮る。塩で味をととのえ、粉山椒をふる。
3. スパゲッティは袋の表示通りの時間でゆで、ざるに上げてバターをからめる。
4. 器に3を盛って2をかけ、あれば木の芽をあしらう。

もったりとするまで弱火でゆっくり煮ることで、麺にからまりやすい濃厚なソースができる。

「鶏ひき＋白みそ＋バターじょうゆではんなりミートソースとなる」

# 梅しそ冷たいミートソース

材料（2人分）
- 鶏ひき肉…200g
- 玉ねぎ（みじん切り）…1/2個
- サラダ油…大さじ2
- 塩、黒こしょう…各適量
- トマト（ざく切り）…2個
- 梅干し（梅肉を包丁でたたく）…3個
- A
  - 酒…大さじ2
  - 薄口しょうゆ…大さじ2
  - みりん…大さじ2
- 大葉（ざく切り）…10枚
- みょうが（小口切り）…2個
- スパゲッティ…160g
- 大葉（せん切り）…適量

作り方
1. フライパンに油を熱し、玉ねぎを入れ、塩少々をふって炒める。すき通ってきたらひき肉を加え、焼き目をつけるように炒め、塩、黒こしょうをふる。
2. 1にトマト、梅干し、Aを加え、煮立ったら弱火にして10分ほど炒め煮にする。火を止め、粗熱がとれたら大葉のざく切りとみょうがを加える。
3. スパゲッティは袋の表示通りの時間でゆで、冷水でしっかり冷やし、ざるに上げて水けをきる。
4. 3と2を和えて器に盛り、大葉のせん切りをあしらう。

「鶏ひき＋梅しそのあっさり冷やしミート。食欲不振の夏に」

# index
（調理法別・五十音順）

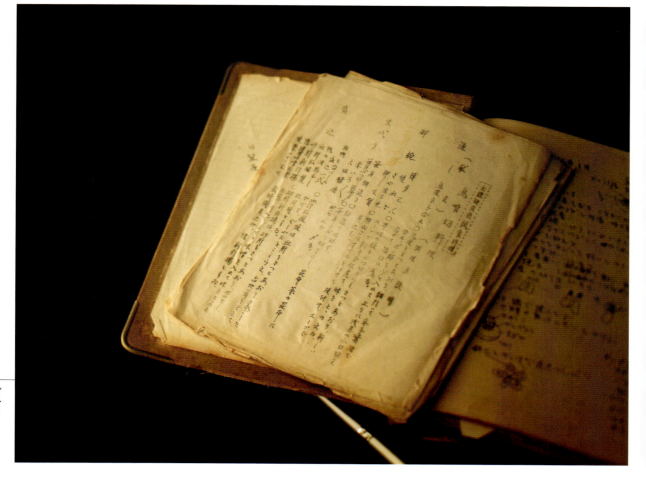

「父は無口な人だったが、私に鶏料理の極意ノートを残してくれていた」

《揚げる》
揚げ出し豆腐仕立て　21
揚げ手羽元のあんずジャムソースがけ　123
アボカド詰めフライ　140
うずらの卵詰めフライ　141
大葉の包み揚げ　172
おかき揚げ　17
笠タッキーフライドチキン　114
カレー風味竜田揚げ　115
黒こしょうバナナ天ぷら　15
たれカツ　18
チーズ詰め磯辺揚げ　140
チーズ巻き天ぷら　14
中華風素揚げ　126
チューリップ　白黒ごま揚げ　121
チューリップ　フライ　118
チューリップ　ベニエ　120
定番　しょうゆから揚げ　112
鶏唐揚げ　カレー味　46
鶏唐揚げ　塩味　46
鶏唐揚げ　白ワインりんご風味　49
鶏唐揚げ　ピリ辛にんにく　47
鶏唐揚げ　ポン酢がけ　48
鶏唐揚げ　ゆかり昆布　48
鶏むね　磯辺揚げ　12
鶏むね　梅じそ天ぷら　12
鶏むねの天ぷら　10
鶏ももの唐揚げ　44
名古屋風手羽先揚げ　116
なすの挟み揚げ　172
南蛮漬け　20
肉だんごの甘酢あん仕立て　199
のり塩がらめ　125
パン挟み揚げ　177
ピリ辛スパイスがらめ　124
ミニ春巻き揚げ　16
油淋鶏風唐揚げ　122
和風メンチカツ　197

《炒める、煮る》
かぶそぼろ炒め　186
きのこのバターしょうゆ炒め　27
キャベツ　ごまみそ炒め　26
ごぼう入り肉みそ　194
　肉みそアボカド　195
　肉みそ焼きおにぎり　195
里芋のそぼろあん　182
そぼろ切り干し大根　184
そぼろきんぴら　185
そぼろたくあん炒め　187
そぼろ豆苗炒め　187
そぼろ煮こごり　189
そぼろのひじき煮　184
鶏そぼろ　塩味　191
　塩そぼろのかき揚げ　193
　塩そぼろポテサラ　192
鶏そぼろ　しょうゆ味　190
　しょうゆそぼろ奴　193
　しょうゆそぼろ焼きうどん　192
鶏ひき肉の白麻婆豆腐　188
鶏むねのしょうが焼き　22
なすのそぼろ煮　180
ピーマン塩昆布炒め　24
ふろふき大根、そぼろみそ　183
もやし黒こしょう炒め　25
和風ドライカレー　196

《こねて、まとめる》
つくね　とり将風　160
つくね10番勝負！　164
　甘栗レーズン　167
　えび・とうもろこしつくね　166
　きのこつくね　165
　五平餅風つくね　167
　ザーサイ中華つくね　166
　セロリ・長芋つくね　167
　納豆磯辺つくね　166
　にらにんにくつくね　164
　みょうが大葉つくね　165
　れんこんつくね　164
つくね棒　162
肉だんごの甘酢あん仕立て　199

ハンバーグ 照り焼き仕立て　198
ひき肉おやき　163
松風　168

《ご飯》
親子丼 関西風　70
親子丼 関東風　71
サムゲタン風おかゆ　154
手羽蒲焼き丼　153
手羽天丼　152
鶏茶漬け　73
鶏ちらしずし　32
鶏肉の五目炊き込みご飯　72
肉そぼろとさつまいもの炊き込みご飯　200
肉みそ焼きおにぎり　195
ゆで鶏スープ雑炊　64
和風カレー丼　68

《スモーク》
手羽先スモーク　144

《包む、挟む、詰める》
アボカド詰めフライ　140
うずらの卵詰めフライ　141
大葉の包み揚げ　172
ゴーヤーの肉詰め焼き　175
ごぼうの肉詰め煮　174
しいたけ肉詰め　170
チーズ詰め磯辺揚げ　140
手羽 梅しそ焼き　138
手羽餃子　137
手羽 豆腐詰め煮込み　139
手羽 明太詰め焼き　138
トマト肉詰め、チーズ焼き　176
なすの挟み揚げ　172
パン挟み揚げ　177
れんこん肉詰め　170
和風ロールキャベツ　178

《煮る》
ごぼうの肉詰め煮　174

手羽おでん　99
手羽キムチチゲ　108
手羽じゃが　102
手羽 豆腐詰め煮込み　139
手羽ときのこのクリーム煮　111
手羽とごぼうの利休煮　100
手羽と里芋の柚子白みそ煮　98
手羽と白菜のスープ煮　96
手羽と長ねぎのオイスターソース煮　106
手羽とにんにくのとろとろ煮　104
手羽とパプリカのトマト煮　110
手羽とれんこんの南蛮煮　101
手羽白湯スープ　145
手羽元のコーラ煮　105
鶏じゃが　50
鶏しゃぶしゃぶ　33
鶏すき焼き風　55
鶏とあさりの潮煮　52
鶏と豆腐のあっさり煮　53
鶏となすのみそ煮　54
鶏のきのこみぞれ煮　58
鶏の和風トマト煮　59
鶏もも チャーシュー　56
水炊き　146
和風ロールキャベツ　178

《冷やし固める》
鶏のテリーヌ　66

《蒸す》
蒸しぜいたくスープ　142

《麺》
梅しそ冷たいミートソース　203
京風白みそミートソース　202
しょうゆそぼろ焼きうどん　192
手羽塩冷製ラーメン　157
手羽南蛮そば　155
手羽煮込みうどん　156
ゆで鶏にゅうめん　65

《焼く》
笠原流焼き鳥　74
　ささみ焼き　77
　焼き鳥・塩　砂肝　手羽先　ねぎま　76
　焼き鳥・たれ　正肉　つくね　レバー　76
鴨ロース風　30
カリカリパン粉焼き　95
ゴーヤーの肉詰め焼き　175
しいたけ肉詰め　170
タンドリーチキン風　90
手羽　梅しそ焼き　138
手羽餃子　137
手羽塩山椒焼き　84
手羽先塩麹焼き　86
手羽先照り焼き　87
手羽　明太詰め焼き　138
トマト肉詰め、チーズ焼き　176
鶏西京焼き　ししとうおろし　42
鶏照り焼き　黄身おろし　40
鶏のみりん干し　28
鶏ももの塩焼き　38
鶏柚庵焼き　キウイおろし　41
鶏利休焼き　山芋おろし　43
肉三つ葉厚焼き卵　201
ねぎみそだれ焼き　88
バーベキューソース焼き　94
ハンバーグ　照り焼き仕立て　198
北京ダック風　148
松風　168
焼き鳥屋風串焼き　89
焼きマリネ　29
レモンバター焼き　92
れんこん肉詰め　170
ローストチキン風　91

《ゆでて、漬ける》
ゆで手羽　おろし野菜マリネ　135
ゆで手羽　黒酢香り漬け　130
ゆで手羽　コチュジャン酢みそ　136
ゆで手羽の昆布〆　わさび添え　134
ゆで手羽のみそ漬け　132
ゆで手羽　はちみつレモン漬け　131
ゆで手羽　武蔵小山風　129

《ゆでる》
水晶鶏　34
ゆで鶏　60
　ゆで鶏のつけだれ5種　62
　　梅はちみつだれ
　　ごまだれ
　　ねぎしょうがだれ
　　みぞれじょうゆ
　　柚子みそだれ
ゆで鶏スープ雑炊　64
ゆで鶏にゅうめん　65

笠原将弘（かさはら　まさひろ）
東京・恵比寿にある日本料理店「賛否両論」店主。1972年東京生まれ。実家は東京・武蔵小山で焼き鳥店「とり将」を営み、幼少の頃より父親に料理のセンスを磨かれる。高校卒業後「正月屋吉兆」で9年間修業、父の死をきっかけに「とり将」を継ぐ。2004年、「とり将」が30周年を迎えたのを機に、いったんクローズ。東京・恵比寿に"賛否両論出ることを覚悟で"オーナーシェフとして「賛否両論」オープン。瞬く間に予約の取れない人気店に。テレビをはじめ、雑誌連載、料理教室から店舗プロデュース、イベントなどで幅広く活躍。2013年9月に「賛否両論」名古屋店を開店。2014年6月、東京・広尾に「賛否両論メンズ館」を開店。著書に『めんつゆ、俺の極意！』『「賛否両論」笠原将弘のきほんの和食』（いずれも小社刊）など多数。

「賛否両論」
東京都渋谷区恵比寿2-14-4　太田ビル1F
TEL　03-3440-5572
http://www.sanpi-ryoron.com/

Staff
デザイン　中村善郎（yen）
撮影　日置武晴
スタイリング　池水陽子
校正　麦秋アートセンター
編集　赤澤かおり

本書は『鶏むね、鶏もも、俺に任せろ！』『ひき肉も、俺に任せろ！』『手羽も、俺に任せろ！』（すべて小社刊）に記載されたものに加筆、再構成したものです。

賛否両論　笠原将弘　鶏大事典

2017年9月28日　初版発行
2023年12月30日　6版発行

著者／笠原将弘
発行者／山下　直久
発行／株式会社KADOKAWA
〒102-8177　東京都千代田区富士見2-13-3
電話　0570-002-301（ナビダイヤル）

印刷所／TOPPAN株式会社

本書の無断複製（コピー、スキャン、デジタル化等）並びに
無断複製物の譲渡及び配信は、著作権法上の例外を除き禁じられています。
また、本書を代行業者などの第三者に依頼して複製する行為は、
たとえ個人や家庭内での利用であっても一切認められておりません。

●お問い合わせ
https://www.kadokawa.co.jp/（「お問い合わせ」へお進みください）
※内容によっては、お答えできない場合があります。
※サポートは日本国内のみとさせていただきます。
※Japanese text only

定価はカバーに表示してあります。

©MASAHIRO KASAHARA 2017 Printed in Japan
ISBN 978-4-04-896076-2　C0077